KRÁSNÁ KUCHAŘKA CUKROVINKY

Dopřejte si 100 sladkých fantazií s dekadentními požitky, živými chutěmi a jemnými nádechy nadýchanosti

Simona Táborská

Materiál chráněný autorským právem ©2024

Všechna práva vyhrazena

Žádná část této knihy nesmí být použita nebo přenášena v jakékoli formě nebo jakýmikoli prostředky bez řádného písemného souhlasu vydavatele a vlastníka autorských práv, s výjimkou krátkých citací použitých v recenzi. Tato kniha by neměla být považována za náhradu lékařských, právních nebo jiných odborných rad.

OBSAH

- OBSAH 3
- ÚVOD 6
- DOMÁCÍ CUKROVANÁ BAVLNA 7
  - 1. Ručně stahovaná cukrová vata 8
  - 2. Strojově vyráběná cukrová vata 11
- SNÍDANĚ 13
  - 3. Kobliha z cukrové vaty s glazurou 14
  - 4. Vafle s polevou z cukrové vaty 17
  - 5. Snídaňový parfait z cukrové vaty 19
  - 6. Palačinka z cukrové vaty Souffle 21
  - 7. Proteinový pudink z cukrové vaty 24
  - 8. Snídaňový bagel z cukrové vaty 26
  - 9. Francouzský toast z cukrové vaty 28
  - 10. Croissanty plněné cukrovou vatou 30
  - 11. Jogurtový parfait z cukrové vaty 32
  - 12. Snídaňové poháry 34
  - 13. Mísa na smoothie na cukrovou vatu 36
  - 14. Snídaňové palačinky z cukrové vaty 38
  - 15. Snídaňové muffiny z cukrové vaty 40
  - 16. Mini donuty z cukrové vaty 42
  - 17. Zásobník cukrové vaty na palačinky 45
  - 18. Snídaňové smoothie z cukrové vaty 47
  - 19. Snídaňový toast z cukrové vaty 49
  - 20. Ovesná snídaňová vata 51
- SVAČINKY 53
  - 21. Cukrová vata Cheesecake Preclík Bites 54
  - 22. Popcorn z cukrové vaty 56
  - 23. Cukrová vata rýže Krispie pamlsky 58
  - 24. Whoopie koláče z cukrové vaty 60
  - 25. Cukrová vata S'mores 62
  - 26. Cukrová vata Puppy Chow 64
  - 27. Rohy jednorožce z cukrové vaty 66
  - 28. Snackové kuličky z cukrové vaty 68
  - 29. Cukrová vata Krispie bary 70
  - 30. Cukrová vata cirkusové sušenky 73
  - 31. Preclíkové tyčinky z cukrové vaty 76
  - 32. Energetické kousnutí cukrové vaty 78
  - 33. Dort z cukrové vaty pops 80
  - 34. Čokoládová kůra z cukrové vaty 82
  - 35. Směs cukrové vaty Chex 84
  - 36. Granolové tyčinky z cukrové vaty 86

37. Cukrová vata Marshmallow Pops 88
38. Cheesecake tyčinky z cukrové vaty 90
39. Sušenky plněné cukrovou vatou 92
40. Cereální pamlsky z cukrové vaty Marshmallow 94

DIPS 96
41. Dip z cukrové vaty 97
42. Dip z cukrové vaty Marshmallow 99
43. Jogurtový dip z cukrové vaty 101
44. Čokoládový dip z cukrové vaty 103
45. Ovocný dip z cukrové vaty 105
46. Dip z cukrové vaty s arašídovým máslem 107
47. Dip se šlehačkou z cukrové vaty 109

DEZERT 111
48. Cukrová vata Éclairs 112
49. Košíčky z cukrové vaty 115
50. Zmrzlina z cukrové vaty bez stáčení 118
51. Dort z cukrové vaty 120
52. Sendviče se zmrzlinou z cukrové vaty 123
53. Mramorová cukrová vata Fudge 125
54. Sendviče z cukrové vaty 127
55. Fudge z cukrové vaty z marshmallow 130
56. Modrý dort z cukrové vaty 132
57. Sušenky z cukrové vaty 135
58. Cukrová vata Oreo Lanýže 137
59. Macarons z cukrové vaty 139
60. Dort z cukrové vaty 142
61. Krémová vata se rozpouští 144
62. Pěna z cukrové vaty 146
63. Cukrová vata Affogato 148
64. Cukrová vata Panna Cotta 150
65. Cukrová vata rýžový nákyp 152
66. Cukrová vata 154
67. Rozmarná pastelová cukrová jablka 156
68. Nanuky z cukrové vaty 159
69. Dezert Burrito z cukrové vaty 161
70. Naběračky na cukrovou vatu 163
71. Drobnost z cukrové vaty 165
72. Role na cukrovou vatu 167
73. Cheesecake z cukrové vaty 169

PLEVA A GLAZURA 172
74. Cukrová vata, smetanová sýrová poleva 173
75. Poleva z cukrové vaty 175
76. Glazura z cukrové vaty 177

77. Cukrová vata Swiss Meringue Buttercream 179
78. Poleva z cukrové vaty s bílou čokoládou 181
79. Královská cukrová vata 183
80. Ganache z cukrové vaty 185

NÁPOJE 187
81. Martini z cukrové vaty 188
82. Cukrová vata Margarita 190
83. Výstřely z cukrové vaty 192
84. Káva z cukrové vaty 194
85. Cukrová vata Frappuccino 196
86. Koktejl z cukrové vaty 198
87. Koktejl z třešňové cukrové vaty 200
88. Snové Martini z cukrové vaty 202
89. Vílí Floss Martini 204
90. Krémová soda z cukrové vaty 206
91. Šumivá cukrová vata 208
92. Koktejly z cukrové vaty z modré laguny 210
93. Cukrová vata horká čokoláda 212
94. Mléčný koktejl z cukrové vaty 214
95. Prskavka z cukrové vaty 216
96. Cukrová vata Ananasová soda 218
97. Cukrová vata ledový čaj 220
98. Punč z cukrové vaty 222
99. Limonáda z cukrové vaty 224
100. Mocktail z cukrové vaty 226

ZÁVĚR 228

ÚVOD

Vítejte v "Nádherné kuchařce cukrové vaty: Dopřejte si 100 sladkých fantazií s dekadentními požitky, živými chutěmi a jemnými nádechy." Cukrová vata se svým éterickým vzhledem a sladkou texturou rozplývající se v ústech uchvacuje srdce a chuťové buňky po celé generace. V této rozmarné kuchařce vás zveme, abyste se vydali na cestu sladkou říší divů, kde každý recept slibuje okouzlení a potěšení.

Cukrová vata je víc než jen karnevalová pochoutka; je to symbol radosti, nostalgie a čistého požitkářství. Díky svým zářivým barvám a jemným odstředěním nadýchanosti má cukrová vata sílu přenést nás zpět do bezstarostných dětských dnů a vyvolat pocity štěstí a úžasu. V této kuchařce oslavujeme kouzlo cukrové vaty a zkoumáme její nekonečné možnosti v kuchyni.

Od klasických příchutí, jako je růžová vanilka a modrá malina, až po vynalézavé výtvory, jako je levandulová limonáda a máta z vodního melounu, recepty v této kuchařce předvádějí všestrannost cukrové vaty a její schopnost pozvednout jakýkoli dezert do nových výšin. Ať už toužíte po něčem lehkém a ovocném nebo dekadentně bohatém a čokoládovém, pro každou příležitost a chuťové preference je tu pochoutka inspirovaná cukrovou vatou.

Ale tato kuchařka je víc než jen sbírka receptů; je to oslava kreativity, představivosti a radosti z požitkářství. Ať už pořádáte rozmarný čajový dýchánek, plánujete slavnostní narozeninovou oslavu nebo si prostě dopřáváte sladké požitky, tyto recepty dodají každé příležitosti kouzlo.

Takže, ať už jste ostřílení pekař, který chce přidat do svého repertoáru rozmarný šmrnc, nebo nováček, který touží prozkoumat svět dezertů inspirovaných cukrovou vatou, „Nádherná kuchařka cukrové vaty" má něco pro vás. Připravte se na chuť na sladké a popusťte uzdu svému vnitřnímu dítěti na cestě světem sladkých fantazií a dekadentních požitků.

DOMÁCÍ CUKROVANÁ BAVLNA

1. Ručně stahovaná cukrová vata

SLOŽENÍ:
- 2 hrnky cukru
- ¼ šálku kukuřičného sirupu
- ½ lžičky octa
- 1 šálek vody
- Potravinářské barvivo/extrakty dle vašeho výběru
- Hodně kukuřičného škrobu na obalování

INSTRUKCE:
a) Vyčistěte velký, čistý povrch, kde budete pracovat.
b) Na povrch nasypte vydatné množství kukuřičného škrobu, aby se cukrová vata nelepila.

PŘIPRAVTE CUKROVÝ SIRUP:
c) V hrnci smíchejte cukr, kukuřičný sirup, ocet a vodu.
d) Směs zahřívejte na středním plameni a míchejte, dokud se cukr nerozpustí.
e) Jakmile se cukr rozpustí, přestaňte míchat a nechte směs přejít varem.
f) Použijte cukrářský teploměr a zahřívejte sirup, dokud nedosáhne fáze tvrdého praskání (kolem 300 °F nebo 150 °C).
g) Odstraňte sirup z ohně a nechte ho mírně vychladnout.
h) Přidejte potravinářské barvivo nebo extrakty dle vlastního výběru, abyste dosáhli požadované barvy a chuti.

ROZTOČTE CUKOROVOU vatu:
i) Do obarveného a ochuceného sirupu namáčejte prsty obou rukou.
j) Držte ruce nad připraveným povrchem a švihejte prsty, nechte sirup roztočit v tenkých pramíncích.
k) Nechte vytočený cukr spadnout na povrch a vytvořte pavučinu cukrové vaty.

TAHNOUT A TVAROVAT:
l) Jakmile utočíte dostatek cukrové vaty, pomocí rukou ji jemně stáhněte a vytvarujte do větší nadýchanější hmoty.
m) Pokračujte v tažení a tvarování, dokud nedosáhnete požadované velikosti a tvaru.

PODÁVAT NEBO ZABALIT:
n) Vytaženou cukrovou vatu naskládejte do nadýchaných trsů.
o) Můžete podávat ihned nebo zabalit do jednotlivých porcí na později.

2. Strojově vyráběná cukrová vata

SLOŽENÍ:
- Cukrová nit
- Tvrdé cukroví

INSTRUKCE:
a) Začněte tím, že stroj zapojíte do zásuvky a necháte jej zahřát po dobu 5-10 minut. U tvrdých cukrovinek postačí 5minutové zahřátí, zatímco cukr vláknitý vyžaduje 10 minut.
b) Jakmile se dostatečně zahřeje, vypněte jednotku a přidejte do hlavy extraktoru buď tvrdý bonbón nebo cukrovou nit. Měli byste použít dva tvrdé bonbóny nebo odměrku cukru.
c) Znovu zapněte vypínač a uvidíte, jak se rychle tvoří jemné, vláknité bavlněné kousky.
d) Držte kužel vodorovně nad horní částí jednotky a nepřetržitě jím otáčejte, aby se nahromadila bavlna.
e) Pokračujte v otáčení, dokud neshromáždíte všechnu cukrovou vatu.
f) Opakujte proces s dalšími kornouty nebo pokračujte v přidávání do stejného kornoutu, abyste vytvořili podstatnou cukrovou vatu.

SNÍDANĚ

3. Kobliha z cukrové vaty s glazurou

SLOŽENÍ:
NA BRIOCHE DONUTOVÉ TĚSTO:
- 3 ½ šálků univerzální mouky
- 1 lžíce instantního droždí
- ¼ šálku krystalového cukru
- 1 lžíce soli
- ¾ šálku plnotučného mléka, ohřátého
- 2 velká vejce, pokojová teplota
- 2 lžičky pasty nebo extraktu z vanilkového lusku
- 4 lžíce nesoleného másla, kostky, pokojová teplota

NA CUKOROVOU BÍLOU ČOKOLÁDOVOU PLAVINU:
- 1 šálek bílé čokolády, nasekané nebo lupínků
- ¼ šálku husté smetany
- 1 lžíce nesoleného másla, pokojová teplota
- ⅛ čajové lžičky aroma oleje z cukrové vaty
- ¼ lžičky jemné soli
- 3-4 kapky růžového cukrového barviva
- ¼ šálku sypání na závěr

INSTRUKCE:
NA BRIOCHE DONUTOVÉ TĚSTO:
a) Smíchejte mouku, droždí, cukr a sůl v míse mixéru. Šlehejte, dokud se dobře nespojí.
b) Zahřejte mléko jemně na 100 F. Zkontrolujte teplotu teploměrem.
c) Vejce opatrně zašleháme do mléka, přidáme vanilku a spojíme se suchými přísadami.
d) Hnětací hákem promíchejte a hněťte při nízké až střední rychlosti po dobu 30 minut.
e) Po 30 minutách pokračujte v míchání a přidávejte kostky másla pokojové teploty, kostku nebo dvě najednou. Než přidáte další, nechte máslo zapracovat. Pokračujte, dokud se nezapracuje veškeré máslo.
f) Nechte míchat dalších 10 minut.
g) Vyjměte těsto, vytvořte mírně utaženou kouli, vložte ji do lehce naolejované mísy, přikryjte a nechte hodinu kynout.
h) Těsto propíchněte a složte jako v kroku 7.

i) Vraťte do mísy, zakryjte plastovým obalem a dejte přes noc do lednice.
j) Po nejméně 6 hodinách chlazení těsto vyválejte do 12palcového kulatého plátu. Vraťte na 20 minut do lednice.
k) Pomocí pomoučněného vykrajovátka na koblihy zatlačte přímo dolů, abyste koblihy nakrájeli. Nakrájené koblihy přeneste na pečicí papír na plechu.
l) Důkaz v teplém, vlhkém prostředí po dobu jedné hodiny.
m) Zahřejte olej na 325 F. Opatrně vložte koblihy do oleje pomocí pergamenového papíru, abyste minimalizovali rušení. Smažte dozlatova, otočte a sceďte.

NA CUKROVU BÍLOU ČOKOLÁDU DONUTOVÁ PLAVA:
n) Do mísy dejte bílou čokoládu, máslo a špetku soli.
o) Smetanu zahřejte, dokud se nezahřeje, nalijte na čokoládu a nechte 5 minut odležet.
p) Přidejte olej z cukrové vaty a míchejte do hladka. V případě potřeby přidejte cukrové barvivo.
q) Koblihy namáčejte do polevy a dokončete posypáním. Domácí cukrová vata je volitelná, ale příjemná.

4.Vafle s polevou z cukrové vaty

SLOŽENÍ:
- 3 ¼ šálku univerzální mouky nebo celozrnné mouky
- 2 odměrky proteinový prášek, příchuť cukrová vata
- 2 lžíce prášku do pečiva
- 1 lžička soli
- 2 ¼ šálků mléka
- 2 vejce
- 3 lžíce másla nebo kokosového oleje, rozpuštěného
- 3 potravinářské barvy dle výběru
- Olej ve spreji

INSTRUKCE:
a) Suché ingredience prošlehejte ve velké míse.
b) Přidejte mléko, vejce a rozpuštěné máslo (nebo kokosový olej) a šlehejte, dokud nezůstanou žádné hrudky.
c) Těsto rozdělte do tří čtvrtlitrových plastových sáčků.
d) Do každého sáčku přidejte 4-5 kapek potravinářského barviva, uzavřete jej a rukama promíchejte z vnější strany sáčku, dokud nezískáte jednu soudržnou barvu.
e) Opakujte pro zbytek sáčků / barev. Mini vaflovač zahřejte a nastříkejte nepřilnavým sprejem.
f) Z každého sáčku ustřihněte malý roh a na vaflovači lemujte klikaté linky, opakujte se zbytkem barev.
g) Vršek uzavřeme a vaříme tak dlouho, dokud není těsto tuhé. Nechcete převařit, nebo to zbarví barvy do hněda. Podávejte s čerstvým ovocem!

5.Snídaňový parfait z cukrové vaty

SLOŽENÍ:
- řecký jogurt
- Granola
- Čerstvé bobule
- Cukrová vata

INSTRUKCE:
a) Do sklenice nebo misky navrstvěte řecký jogurt, granolu, čerstvé jahody a malé kousky cukrové vaty.
b) Vrstvy opakujte, dokud se sklenice nebo miska nenaplní.
c) Navrch posypte extra posypem granoly a kouskem cukrové vaty.
d) Okamžitě podávejte a vychutnejte si lahodný snídaňový parfait z cukrové vaty!

6. Palačinka z cukrové vaty Souffle

SLOŽENÍ:
SOUFFLE Z CUKROVANSKÉ PALACE:
- 4 vejce, oddělená
- ½ šálku krystalového cukru, zahřátý
- Barevný cukr
- ½ šálku mouky
- 6 lžic mléka
- ¾ lžičky prášku do pečiva
- Olej, na smažení

OBLOHA:
- Jahody
- Borůvky
- Jahodová omáčka

INSTRUKCE:

a) Ve velké míse šlehejte vaječné žloutky, dokud nebudou mít bledou barvu.
b) K žloutkům postupně přidáváme teplý krystalový cukr a dále šleháme, dokud se směs dobře nespojí a mírně zhoustne.
c) Žloutkovou směs posypte barevným cukrem a jemně vmíchejte, rovnoměrně zapracujte.
d) Prosejte mouku a jemně ji vmíchejte do žloutkové směsi, dokud se nespojí.
e) V samostatné misce smíchejte mléko a prášek do pečiva. Tuto směs postupně přidávejte do žloutkového těsta a míchejte, dokud nebude hladká.
f) V jiné čisté, suché míse ušlehejte bílky, dokud se nevytvoří tuhé špičky.
g) Do těsta opatrně vmícháme ušlehaný sníh z bílků, zajistíme lehkou a nadýchanou konzistenci.
h) Rozehřejte nepřilnavou pánev nebo gril na středně nízkou teplotu a lehce namažte olejem.
i) Lžící nalijte část těsta na pánev a vytvořte kulaté palačinky. Vařte, dokud okraje nezačnou tuhnout a dno zezlátne.
j) Opatrně palačinky otočte a opékejte z druhé strany do zlatohnědé a propečené.
k) Vyjměte palačinky z pánve a naskládejte je na servírovací talíř.
l) Ozdobte čerstvými jahodami a borůvkami a pokapejte jahodovou omáčkou pro extra nával chuti.
m) Palačinky s cukrovou vatou podávejte okamžitě a vychutnejte si nádhernou kombinaci nadýchané textury a ovocné sladkosti.

7.Proteinový pudink z cukrové vaty

SLOŽENÍ:
- 11,2 unce smetany s příchutí cukrové vaty
- 2 polévkové lžíce proteinového prášku s vanilkovou příchutí
- 1 lžička čistého vanilkového extraktu
- ½ čajové lžičky krystalů červené řepy (volitelně pro barvu)
- Špetka soli
- Mnišské ovocné sladidlo bez cukru (volitelné)
- ¼ šálku bílých chia semínek
- Volitelné polevy: bobule, hrozny z cukrové vaty, granola, kokosové lupínky s příchutí matcha latte, křupavé sušenky nebo polevy dle vašeho výběru

INSTRUKCE:
a) V misce nebo nádobě mixéru smíchejte smetanu nebo mléko, proteinový prášek, vanilkový extrakt, krystaly červené řepy a sůl. Šlehejte nebo mixujte na nejvyšší stupeň, dokud se důkladně nepromíchá. Doslaďte dle chuti.
b) Přidejte chia semínka a šlehejte nebo mixujte, dokud se nespojí. Případně úplně rozmixujte, pokud dáváte přednost jemnější pudingové struktuře.
c) Směs přendejte do mísy nebo ji rozdělte do jednoporcových zavařovacích sklenic a poté zakryjte.
d) Nechte 10 minut odležet, poté dobře protřepejte nebo protřepejte, znovu přikryjte a dejte přes noc do lednice.
e) Ráno dobře promíchejte a upravte sladkost a/nebo mléko na požadovanou chuť a konzistenci.
f) Podávejte vychlazené nebo teplé s preferovanou polevou.
g) Zbytky lze skladovat ve vzduchotěsné nádobě v lednici po dobu 3 až 4 dnů.

8.Snídaňový bagel z cukrové vaty

SLOŽENÍ:
- Duhové bagely
- Tavený sýr
- Cukrová vata

INSTRUKCE:
a) Bagely opékejte, dokud nedosáhnou požadované úrovně křupavosti.
b) Na každou opečenou polovinu bagelu potřeme štědrou vrstvu smetanového sýra.
c) Na smetanový sýr položte malé kousky cukrové vaty.
d) Užijte si svůj jedinečný a lahodný snídaňový bagel z cukrové vaty!

9. Francouzský toast z cukrové vaty

SLOŽENÍ:
- 4 plátky chleba (nejlépe brioška)
- 2 velká vejce
- ½ šálku mléka
- 1 lžička vanilkového extraktu
- ¼ lžičky soli
- ¼ lžičky mleté skořice
- Příchuť nebo extrakt z cukrové vaty (pár kapek, podle chuti)
- cukrová vata (na ozdobu)
- javorový sirup (k podávání)

INSTRUKCE:
a) V mělké misce prošlehejte vejce, mléko, vanilkový extrakt, sůl, mletou skořici a pár kapek cukrové vaty, dokud se dobře nespojí.
b) Zahřejte nepřilnavou pánev nebo gril na střední teplotu.
c) Každý krajíc chleba ponořte do vaječné směsi a ujistěte se, že jsou obě strany rovnoměrně potažené.
d) Obalené plátky chleba položte na rozpálenou pánev a opékejte dozlatova z obou stran, přibližně 2-3 minuty z každé strany.
e) Po uvaření přeneste plátky francouzského toastu na servírovací talíře.
f) Každý plátek ozdobte velkým množstvím cukrové vaty, dokud je francouzský toast ještě teplý, aby se trochu rozpustil.
g) Pokapejte javorovým sirupem pro extra nádech sladkosti.
h) Okamžitě podávejte a vychutnejte si svůj lahodný francouzský toast z cukrové vaty s příchutí cukrové vaty!

10. Croissanty plněné cukrovou vatou

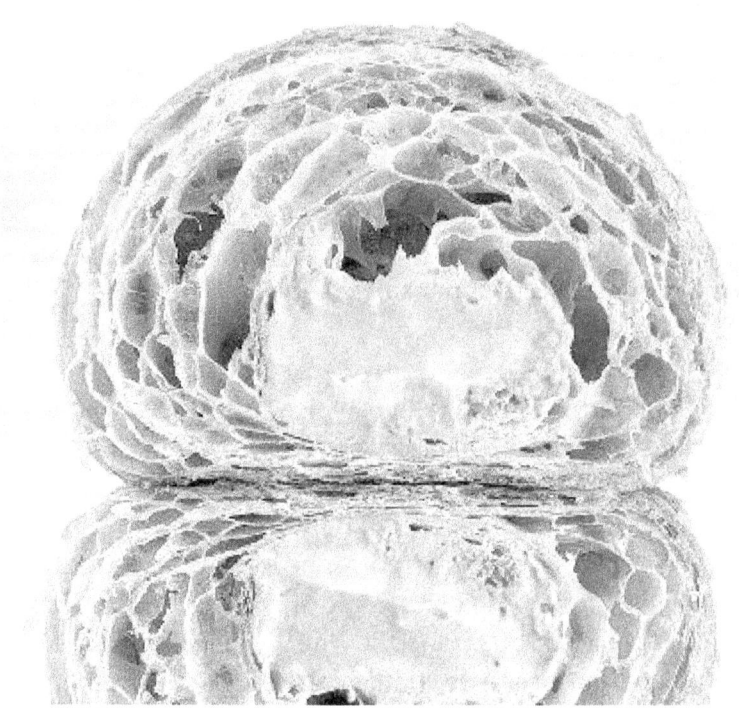

SLOŽENÍ:
- 1 balení chlazeného croissantového těsta
- cukrová vata (příchuť dle vašeho výběru)
- Moučkový cukr (volitelně, na posypání)

INSTRUKCE:
a) Předehřejte si troubu podle pokynů na obalu croissantového těsta.
b) Těsto na croissanty rozvineme a rozdělíme na jednotlivé trojúhelníky.
c) Vezměte malé množství cukrové vaty a umístěte ji na široký konec každého croissantového trojúhelníku.
d) Srolujte croissanty, začněte od širokého konce a zastrčte je po stranách, aby se cukrová vata uzavřela uvnitř.
e) Naplněné croissanty položte na plech vyložený pečicím papírem, mezi každým ponechte mezeru.
f) Croissanty pečte v předehřáté troubě podle návodu na obalu nebo do zlatova.
g) Po upečení vyjměte croissanty z trouby a nechte je mírně vychladnout.
h) Volitelné: Plněné croissanty poprašte moučkovým cukrem pro extra sladkost.
i) Croissanty plněné cukrovou vatou podávejte teplé a vychutnejte si mazlavé překvapení z cukrové vaty uvnitř!

11. Jogurtový parfait z cukrové vaty

SLOŽENÍ:
- 1 hrnek vanilkového jogurtu
- Růžová cukrová vata
- Modrá cukrová vata
- Grahamové sušenky, drcené

INSTRUKCE:
a) Vezměte si servírovací sklenici nebo misku a sestavte si parfait.
b) Začněte přidáním vrstvy vanilkového jogurtu na dno sklenice.
c) Umístěte malé množství rozdrcených Grahamových sušenek na jogurt, abyste vytvořili pěknou texturu.
d) Nyní přidejte vrstvu růžové cukrové vaty na Grahamovy sušenky a jogurt.
e) Poté přidejte další vrstvu vanilkového jogurtu, čímž zajistíte rovnoměrné rozložení.
f) Navrch druhé vrstvy jogurtu posypte více drcenými Grahamovými sušenkami.
g) Přes Grahamovy sušenky přidejte vrstvu modré cukrové vaty.
h) Opakujte proces, dokud nedosáhnete horní části sklenice, dokončete poslední vrstvou cukrové vaty.
i) Volitelně ozdobte horní část malým kouskem cukrové vaty pro extra dekorativní nádech.
j) Okamžitě podávejte a vychutnejte si svůj lahodný jogurtový parfait z cukrové vaty!

12. Snídaňové poháry

SLOŽENÍ:
- 1 šálek cereálií Cotton Candy Crunch
- 1 hrnek vanilkového jogurtu
- 1 šálek čerstvého rozmixovaného ovoce (jahody, borůvky, maliny)
- Šlehačka
- 2 lžíce medu nebo javorového sirupu (volitelně)
- Sypání na ozdobu (volitelné)

INSTRUKCE:
a) Začněte tím, že na dno servírovací misky navrstvíte velkou porci cereálií Cukrová vata.
b) Na cereálie naneste lžící vrstvu vanilkového jogurtu, čímž zajistíte rovnoměrné rozložení.
c) Na jogurt přidejte vrstvu rozmixovaných bobulí.
d) Vrstvy opakujte, dokud nedosáhnete horní části misky a zakončete poslední vrstvou cereálií z cukrové vaty.
e) Navrch každého poháru dejte šlehačku.
f) Pokud chcete, pokapejte šlehačku medem nebo javorovým sirupem pro zvýšení sladkosti.
g) Ozdobte posypem pro zábavný a barevný nádech.
h) Okamžitě podávejte a vychutnejte si svůj nádherný snídaňový pohár!

13. Mísa na smoothie na cukrovou vatu

SLOŽENÍ:
- 2 mražené banány
- 1 šálek jahod
- 1/2 šálku mléka nebo alternativa bez mléčných výrobků
- Příchuť cukrové vaty nebo skutečná cukrová vata
- Granola
- Čerstvé ovoce (volitelné)

INSTRUKCE:
a) V mixéru smíchejte mražené banány, jahody a mléko.
b) Rozmixujte do hladka.
c) Nalijte smoothie do misky.
d) Navrch dejte kousky cukrové vaty, granolu a případně čerstvé ovoce.
e) Užijte si svou smoothie misku na cukrovou vatu!

14. Snídaňové palačinky z cukrové vaty

SLOŽENÍ:
- Krepové těsto
- Tavený sýr
- Cukrová vata
- Moučkový cukr (volitelně)

INSTRUKCE:
a) Připravte si krepové těsto podle svého oblíbeného receptu.
b) Palačinky pečte na nepřilnavé pánvi.
c) Po uvaření potřete každý krep tenkou vrstvou smetanového sýra.
d) Na tvarohový krém posypte malé kousky cukrové vaty.
e) Palačinky srolujte.
f) V případě potřeby poprášíme moučkovým cukrem.
g) Podávejte a vychutnejte si snídaňové palačinky z cukrové vaty!

15. Snídaňové muffiny z cukrové vaty

SLOŽENÍ:
- Těsto na muffiny (borůvkové nebo vanilkové)
- Cukrová vata

INSTRUKCE:
a) Předehřejte troubu podle návodu na muffiny.
b) Připravte těsto na muffiny podle návodu.
c) Každý košíček na muffiny naplňte do poloviny těstem.
d) Umístěte malý kousek cukrové vaty do středu každého košíčku na muffiny.
e) Navrch přidejte více těsta, aby pokrylo cukrovou vatu.
f) Pečeme podle návodu na muffiny.
g) Po vychladnutí budete mít k snídani překvapivé muffiny plněné cukrovou vatou!

16. Mini donuty z cukrové vaty

SLOŽENÍ:
NA DONUTY:
- 2 šálky směsi cukrové vaty a cukru
- ¼ lžičky jedlé sody
- ⅛ lžičky soli
- 2 vejce
- 3 lžíce rostlinného oleje
- ⅓ šálku cukrová vata Řecký jogurt

NA glazuru:
- 5 lžic mléka
- ½ lžičky vanilky
- 1 lžička směsi příchutí cukrové vaty
- 2 hrnky moučkového cukru
- Sypání

INSTRUKCE:
NA DONUTY:
a) Předehřejte troubu na 375ºF a vymažte mini donutovou formu nepřilnavým sprejem na vaření.
b) Ve velké míse smíchejte směs cukroví, jedlou sodu a sůl. Přidejte vejce, olej a jogurt a míchejte, dokud se nespojí.
c) Nalijte těsto do velkého plastového sáčku na zip. Odřízněte špičku jednoho ze spodních rohů a naplňte každý zásobník na koblihy asi do poloviny.
d) Pečte v troubě 7–8 minut, nebo dokud koblihy při lehkém dotyku nevyskočí. Nechte koblihy vychladnout ve formě na koblihy po dobu 3 minut, než je přenesete na mřížku, aby úplně vychladly.

NA glazuru:
e) Smíchejte mléko, vanilku a chuťovou směs v malém hrnci a zahřívejte na mírném ohni, dokud se nezahřeje.
f) Do mléčné směsi prosijte moučkový cukr. Pomalu šlehejte, dokud se dobře nespojí.

K SESTAVENÍ:
g) Polevu sundejte z plotny a nalijte nad misku s horkou vodou.
h) Namáčejte vršky koblih do polevy, jeden po druhém, a položte je na mřížku s voskovým papírem, aby zachytily případné kapky. Ihned posypeme posypem. Poleva tuhne během několika sekund, takže před namáčením dalších koblih přidejte posypání.
i) Před podáváním nechte koblihy 5 minut ztuhnout.
j) Donuty vydrží čerstvé a měkké ve vzduchotěsné nádobě až 4 dny.

17. Zásobník cukrové vaty na palačinky

SLOŽENÍ:
- Směs na palačinky (nebo domácí těsto)
- Cukrová vata
- Javorový sirup

INSTRUKCE:
a) Těsto na palačinky připravte podle návodu na obalu nebo oblíbeného receptu.
b) Na pánvi nebo na pánvi pečte palačinky.
c) Naskládejte palačinky na talíř a mezi každou vrstvu vložte malé kousky cukrové vaty.
d) Pokapeme javorovým sirupem.
e) Užijte si svou nadýchanou palačinku z cukrové vaty!

18. Snídaňové smoothie z cukrové vaty

SLOŽENÍ:
- 1 hrnek vanilkového jogurtu
- 1/2 šálku mléka nebo alternativa bez mléčných výrobků
- 1 šálek mražených smíšených bobulí
- 1/2 šálku cukrové vaty
- Ledové kostky

INSTRUKCE:
a) V mixéru smíchejte vanilkový jogurt, mléko, mražené rozmixované bobule, cukrovou vatu a kostky ledu.
b) Mixujte, dokud nebude hladká a krémová.
c) Nalijte do sklenic a ihned podávejte.
d) V případě potřeby ozdobte okraj každé sklenice malým kouskem cukrové vaty.

19. Snídaňový toast z cukrové vaty

SLOŽENÍ:
- Krájený chleba
- Tavený sýr
- Cukrová vata

INSTRUKCE:
a) Plátky chleba opečte do zlatova.
b) Na každý plátek toastu potřeme vrstvu smetanového sýra.
c) Na smetanový sýr položte malé kousky cukrové vaty.
d) Případně vidličkou jemně zatlačte cukrovou vatu do smetanového sýra, aby se lépe přilepila.
e) Okamžitě podávejte a vychutnejte si svůj rozmarný snídaňový toast z cukrové vaty!

20. Ovesná snídaňová vata

SLOŽENÍ:
- Oves
- Mléko nebo voda
- Cukrová vata

INSTRUKCE:
a) Ovesné vločky uvařte podle návodu na obalu za použití mléka nebo vody.
b) Jakmile jsou ovesné vločky uvařené, vmíchejte do nich malé kousky cukrové vaty, dokud se nerozpustí a nespojí s ovesnými vločkami.
c) Před podáváním nechte ovesné vločky mírně vychladnout.
d) Volitelně navrch přidejte cukrovou vatu pro extra sladkost.
e) Užijte si svou uklidňující a shovívavou ovesnou snídani z cukrové vaty!

SVAČINKY

21.Cukrová vata Cheesecake Preclík Bites

SLOŽENÍ:

- 4 unce smetanového sýra, změkčeného
- ½ lžičky žvýkačky Polevové směsi (nebo 1 lžička jahodového želé)
- ½ čajové lžičky cukrové vaty Polevové směsi (nebo 1 čajová lžička bobulově modrého Jello)
- 3 hrnky moučkového cukru
- Mini Preclík Twists
- 1 šálek bílých čokoládových lupínků, rozpuštěných
- Červené, bílé a modré posypy (volitelné)

INSTRUKCE:

a) V jedné misce smíchejte polovinu smetanového sýra, směs žvýkaček a 1 ½ šálku moučkového cukru. Šlehejte, dokud nevznikne těsto.
b) V jiné misce smíchejte druhou polovinu smetanového sýra, směs cukrové vaty a zbývající moučkový cukr. Šlehejte, dokud nevznikne těsto.
c) Z červeného a modrého těsta vyválejte jednopalcové kuličky a každou kuličku vmáčkněte mezi dva preclíky. Polovina preclíků by měla být vyrobena z červeného těsta a polovina z modrého těsta. Pokud je těsto příliš měkké, aby se s ním dalo pracovat, dejte ho asi na 15–30 minut do lednice, než ho vtlačíte mezi preclíky.
d) Jakmile jsou preclíky sestavené, dejte je asi na 30 minut do lednice.
e) Polovinu každého preclíku ponořte do rozpuštěné bílé čokolády a navrch přidejte posypání.
f) Nechte čokoládu ztuhnout (pokud chcete, můžete ji vychladit) a uložte preclíková sousta do vzduchotěsné nádoby.

22. Popcorn z cukrové vaty

SLOŽENÍ:
- 16-uncové balení marshmallow nebo vanilkového bonbónu se roztaví
- 12 šálků popcornu, rozdělených
- ¼ šálku sypání
- 2 šálky cukrové vaty, natrhané na malé kousky
- 3 unce modrého cukroví se rozpustí
- 3 unce růžového cukroví se rozpustí

INSTRUKCE:
a) Roztavte marshmallow nebo vanilkové cukroví:
b) V misce vhodné do mikrovlnné trouby postupujte podle pokynů na obalu, abyste roztavili marshmallow nebo vanilkové bonbóny.
c) Vložte 8 šálků popcornu do velké mísy.
d) Nalijte roztavenou polevu z marshmallow na popcorn a míchejte, dokud nebude každé jádro rovnoměrně pokryto.
e) Opatrně vmíchejte natrhané kousky cukrové vaty do potaženého popcornu, čímž zajistíte příjemnou distribuci.
f) Popcorn potažený cukrovou vatou rozprostřete na vyložený plech a bohatě posypte svou oblíbenou posypkou. Nechte popcorn vychladnout a vytvořte dokonalé spojení textur.
g) Ve dvou samostatných miskách rozpusťte modrou a růžovou cukrovou polevu.
h) Zbývající 4 šálky popcornu rovnoměrně rozdělte mezi dvě misky a do každé vložte 2 šálky.
i) Nalijte modrou cukrovou polevu na popcorn v jedné misce a růžovou polevu na popcorn ve druhé. Míchejte, dokud nebude každé zrnko popcornu důkladně obaleno.
j) Modrý a růžově potažený popcorn rozprostřete na samostatné vyložené pečicí plechy a nechte je vychladnout a ztuhnout.
k) Zkombinujte bílé, růžové a modré odrůdy popcornu do harmonické směsi, která slibuje výbuch chuti v každém soustu.

23. Cukrová vata rýže Krispie pamlsky

SLOŽENÍ:
- 3 lžíce nesoleného másla
- 1 balení 10 uncí Mini marshmallows
- 1 nádoba růžové cukrové vaty o objemu 1,5 unce
- 6 šálků cereálií typu Rice Krispies
- Růžové, červené a bílé postřiky

INSTRUKCE:
a) Formu nebo plech o rozměrech 9 x 13 vyložte pečicím papírem.
b) Máslo rozehřejte ve velkém hrnci na středně mírném ohni. Když je máslo rozpuštěné, přidejte marshmallows. Neustále mícháme, dokud se marshmallow nerozpustí.
c) Odstraňte pánev z varné desky. Snižte teplotu na minimum a přidejte cukrovou vatu po velmi malých kouscích a mezi každým přidáváním míchejte. Míchejte, dokud se všechna cukrová vata nerozpustí.
d) Přidejte cereálie do pánve a míchejte, dokud se všechny ingredience dobře nespojí.
e) Na pánev rozprostřete cereální směs. Směs vtlačte do pánve, dokud neztuhne.
f) Ozdobte sypáním a pomocí rukou vtlačte sypání do pamlsků Rice Krispie, pokud chcete.
g) Před nakrájením na tyčinky nechte pamlsky úplně vychladnout, asi 30 minut.

24. Whoopie koláče z cukrové vaty

SLOŽENÍ:
- 1 Směs na konfetový dort
- ½ šálku nesoleného másla, rozpuštěného
- 1 velké vejce
- 1 plechovka Frosting Creations Frosting Starter
- 1 balení Směs příchutí cukrové vaty

INSTRUKCE:
a) Předehřejte troubu na 350 stupňů.
b) V míse smíchejte dortovou směs, rozpuštěné máslo a vejce, dokud nevznikne měkké těsto. Těsto dejte na 20-30 minut do lednice.
c) Těsto vyválejte na 1-palcové kuličky a pečte 9 minut. Ochlaďte na mřížce. Z tohoto receptu je 48 sušenek.
d) Smíchejte Frosting Starter a balíček s příchutí cukrové vaty.
e) Vyložte 24 sušenek dnem vzhůru. Na sušenky položte lžíci polevy a navrch položte zbývajících 24 sušenek.
f) Uchovávejte v uzavřené nádobě na pultu po dobu 4-5 dnů.

25. Cukrová vata S'mores

SLOŽENÍ:
- Marshmallows nebo Marshmallow Fluff
- Cukrová vata
- Graham Crackers
- Sypání

INSTRUKCE:
a) Pokud používáte marshmallow, opékejte je na otevřeném plameni, dokud nebudou zlatohnědé a mazlavé. Pokud používáte chmýří z marshmallow, můžete je rozetřít přímo na grahamové sušenky.
b) Vezměte kousek cukrové vaty a položte ji na praženou marshmallow nebo marshmallow chmýří.
c) Jemně navrch přitlačte další grahamový krekr, abyste vytvořili sendvič.
d) Okraje cukrové vaty případně posypte posypem, abyste přidali barvu a sladkost.

26.Cukrová vata Puppy Chow

SLOŽENÍ:

- 9 šálků cereálií Chex (rýže, kukuřice nebo směs)
- 1 šálek bílých čokoládových lupínků
- ½ šálku krémového arašídového másla
- ¼ šálku nesoleného másla
- 1 lžička vanilkového extraktu
- 1 ½ šálku moučkového cukru
- 1 ½ šálku cukrové vaty (nalámané na malé kousky)

INSTRUKCE:

a) Ve velké misce odměřte cereálie Chex a dejte stranou.
b) V misce vhodné do mikrovlnné trouby smíchejte kousky bílé čokolády, arašídové máslo a máslo. Zahřívejte v mikrovlnné troubě v 30sekundových intervalech a mezi každým míchejte, dokud se nerozpustí a nebude hladké.
c) Do rozpuštěné směsi vmícháme vanilkový extrakt.
d) Rozpuštěnou směs nalijte na cereálie Chex a jemně přehýbejte, dokud cereálie nejsou rovnoměrně potažené.
e) Do velkého plastového sáčku přidejte moučkový cukr.
f) Přeneste obalované cereálie Chex do sáčku s moučkovým cukrem, sáček uzavřete a protřepávejte, dokud se cereálie dobře nepotáhne.
g) Cereálie posypané práškovým cukrem rozprostřete na plech vyložený pečicím papírem, aby vychladl.
h) Jakmile cereální směs vychladne, vhoďte do ní kousky cukrové vaty, aby byly rovnoměrně rozmístěny.
i) Před podáváním nechte krmivo pro štěně zcela ztuhnout.
j) Skladujte ve vzduchotěsné nádobě.

27. Rohy jednorožce z cukrové vaty

SLOŽENÍ:

- cukrová vata (různé barvy)
- Bílé čokoládové lupínky nebo bonbóny taje
- Jedlé třpytky nebo sypání (volitelné)

INSTRUKCE:

a) Vezměte malé množství cukrové vaty a srolujte ji do tenkého, podlouhlého tvaru, abyste vytvořili roh jednorožce. Opakujte s různými barvami, pokud chcete vícebarevný efekt.
b) Podle návodu na obalu rozpustíme kousky bílé čokolády nebo bonbóny.
c) Ponořte základ každého rohu cukrové vaty do rozpuštěné bílé čokolády, abyste vytvořili pevný a stabilní základ.
d) Pokud chcete, posypte mokrou čokoládu jedlými třpytkami nebo barevnými posypy pro větší ozdobu.
e) Položte rohy jednorožce na tác nebo talíř vyložený pergamenem a nechte čokoládu ztuhnout a ztuhnout.
f) Jakmile čokoláda ztuhne, vaše rohy jednorožce z cukrové vaty jsou připraveny k vychutnání!

28. Snackové kuličky z cukrové vaty

SLOŽENÍ:
- 2 šálky cereálií s příchutí cukrové vaty (jako je Cotton Candy Crunch)
- 1 šálek marshmallows
- 2 lžíce nesoleného másla
- ½ šálku cukrové vaty (pro extra chuť a dekoraci)
- Sypání (volitelné, pro další zdobení)

INSTRUKCE:
a) Do velké mixovací nádoby odměřte 2 šálky cereálií s příchutí cukrové vaty. Dát stranou.
b) V misce vhodné do mikrovlnné trouby smíchejte marshmallows a nesolené máslo. Zahřívejte v mikrovlnné troubě v 30sekundových intervalech a mezitím míchejte, dokud se marshmallow úplně nerozpustí a dobře se spojí s máslem.
c) Rozpuštěnou směs marshmallow nalijte na cereálie s příchutí cukrové vaty a rychle míchejte, dokud cereálie nebudou rovnoměrně obaleny.
d) Směs nechte mírně vychladnout, ale ne úplně, protože chcete, aby byla vláčná na tvarování kuliček.
e) Rukama namazanýma máslem nebo rukama natřenýma sprejem na vaření, aby se nelepilo, tvarujte ze směsi malé kuličky. Pokud chcete, vložte do středu každé kuličky malý kousek cukrové vaty pro extra nával chuti.
f) Volitelné: Kuličky cukrové vaty naválejte do další cukrové vaty nebo posypů na ozdobu.
g) Svačinové kuličky položte na plech vyložený pergamenem, nechte je vychladnout a zcela ztuhněte.
h) Jakmile jsou vaše svačinové kuličky z cukrové vaty připraveny, můžete si je vychutnat!

29.Cukrová vata Krispie Bary

SLOŽENÍ:
- 4 polévkové lžíce slaného másla plus další 1/2 polévkové lžíce na vymaštění pánve
- 10 uncové sáčky marshmallows/mini marshmallows
- 3 šálky rýže Krispie Cereálie
- 3 šálky cukrové vaty plus 1/2 šálku navíc na polevu
- 1/2 šálku bílých čokoládových lupínků
- 1 lžička kokosového oleje

INSTRUKCE:
a) Pekáč o rozměrech 8×8 palců vymažte máslem nebo vyložte pečicím papírem. Pokud používáte pergamenový papír, jemně pergamen namažte nepřilnavým sprejem. Dát stranou.
b) Do velké mísy přidejte Rice Krispie Cereálie a dejte stranou.
c) Máslo rozpusťte na středním plameni ve velmi velkém hrnci nebo nepřilnavé pánvi. Jakmile se rozpustí, přidejte marshmallows. Pomocí gumové stěrky nebo vařečky směs míchejte, dokud se marshmallows úplně nerozpustí.
d) Odstraňte z ohně, poté polovinu směsi okamžitě vyjměte do mísy na rýžové křispie a složte pomocí stěrky. Ujistěte se, že každý kousek obilovin je potažen směsí marshmallow. [Bude to velmi lepkavé]
e) Poté otřete přebytek a poté do směsi v pánvi vmíchejte cereálie Cap'n Crunch. Opět se ujistěte, že každý kousek obilovin je potažen směsí marshmallow.
f) Přeneste směs rýže Krispie do připravené pánve. Pomocí gumové stěrky (pomůže lehké namazání) směs jemně rozetřete tak, aby se vešla na pánev. Lehce namažte zadní stranu ploché stěrky a velmi jemně vtlačte směs dolů do pánve. Nezabalujte ji silou, jen lehce zatlačte, aby byla v pánvi bezpečně zajištěna.
g) To samé udělejte se směsí Cap'n Crunch a na tom jednom vršku. Přidejte zbývající cereálie Cap'n Crunch (1/2 šálku), abyste zakryli všechny mezery, a lehce zatlačte. Video zde
h) Nechte pamlsky tuhnout alespoň 1 hodinu při pokojové teplotě a až 1 den. Pokud necháte vařit déle než několik hodin, dobře zakryjte.

i) Pomocí pečícího papíru vyjměte rýžové krispie jako celek z pánve.
j) Pokud používáte metodu máslové pánve. Použijte malé prkénko nebo plochý talíř a položte jej lícem dolů na muže. Poté otočte pánev dnem vzhůru a vyjměte pánev, která uvolní pamlsek. Poté položte navrch další prkénko nebo talíř a znovu otočte.
k) Nakrájíme na čtverce devět čtverečních. [Podívejte se na obrázky krok za krokem, abyste viděli, jak to vyrovnat]
l) Do malé misky do mikrovlnné trouby přidejte čokoládové lupínky a kokosový olej. Poté mikrovlnnou troubu po dobu 30 sekund až 1 minuty. Pomocí malé lžičky míchejte, dokud se úplně nerozpustí.
m) Pomocí čajové lžičky pokapejte každou tyčinku cik cak. [Podívejte se na obrázky níže] Video zde
n) Zakryjte a skladujte zbytky pamlsků při pokojové teplotě po dobu až 3 dnů. Pro uložení umístěte ve vrstvách mezi listy pergamenu nebo voskového papíru.

30. Cukrová vata cirkusové sušenky

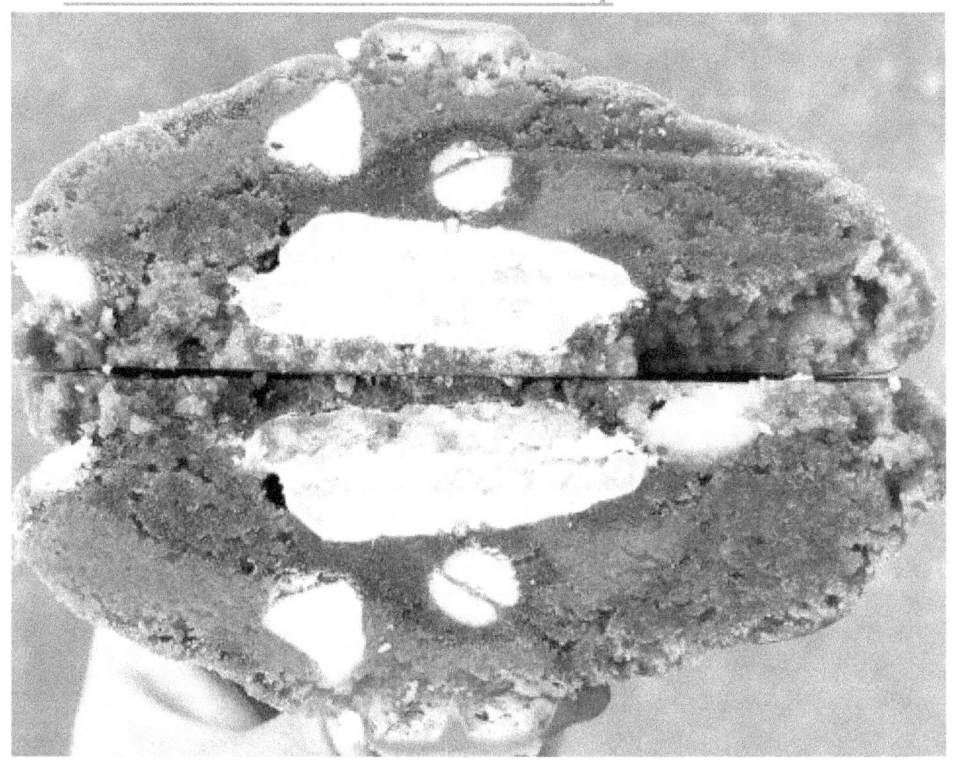

SLOŽENÍ:
NA CUKROVANOVÉ TĚSTO:
- 2 hrnky univerzální mouky
- 1 šálek cukrové vaty (barevný cukr)
- 1 šálek nesoleného másla, změkčeného
- 1 šálek bílých čokoládových lupínků

PRO PLNĚNÍ:
- Cukrová vata na nádivku (různé barvy)
- Matné zvířecí sušenky

NA POLAVU:
- 1 hrnek moučkového cukru
- 2 lžíce nesoleného másla, změkl
- 2 lžíce mléka
- ½ lžičky vanilkového extraktu
- Barevné posypky (volitelné, na ozdobu)

INSTRUKCE:
PŘIPRAVTE TĚSTO Z CUKROVÉ vaty:
a) V míse šlehejte změklé máslo a cukr cukrovou vatu, dokud se dobře nespojí.
b) Postupně přidávejte mouku, míchejte, dokud nevznikne těsto.
c) Vmíchejte kousky bílé čokolády.
d) Těsto rozdělte na stejné díly a vytvarujte z nich kolečka. Dáme do lednice na cca 30 minut.
e) Předehřejte troubu na 350 °F (180 °C).

SESTAVIT A UPEČIT:
f) Každé vychlazené těsto obložíme a zploštíme. Doprostřed dejte malé množství cukrové vaty a těsto přeložte, aby byla cukrová vata obalena.
g) Naplněné těsto dejte na plech vyložený pečicím papírem.
h) Pečte 10–12 minut nebo dokud okraje nezezlátnou. Nechte je zcela vychladnout.

PŘIPRAVTE POLAVU:
i) V míse vyšleháme moučkový cukr, změklé máslo, mléko a vanilkový extrakt do hladka.

MRAZIT A DEKORATOVAT:
j) Jakmile sušenky vychladnou, potřete vrchní část každé sušenky polevou.
k) Ozdobte barevným posypem pro slavnostní nádech.

PŘIDEJTE MRÁZENÉ ZVÍŘECÍ CRACKERS:
l) Jemně vmáčkněte matné zvířecí krekry do polevy na vrcholu každé sušenky.
m) Nechte polevu ztuhnout a užívejte si.

31. Preclíkové tyčinky z cukrové vaty

SLOŽENÍ:
- Preclíkové tyče
- Bílé čokoládové lupínky
- Cukrová vata

INSTRUKCE:
a) Rozpusťte kousky bílé čokolády v misce vhodné do mikrovlnné trouby podle návodu na obalu.
b) Každý preclík ponořte do rozpuštěné čokolády a zakryjte asi 3/4 tyčinky.
c) Čokoládou pokrytou část preclíkové tyčinky ihned posypte drcenou cukrovou vatou.
d) Tyčinky preclíku položte na plech vyložený pečicím papírem a nechte čokoládu ztuhnout.
e) Jakmile čokoláda ztuhne, vaše tyčinky z cukrové vaty si můžete pochutnat!

32. Energetické kousnutí cukrové vaty

SLOŽENÍ:
- 1 šálek staromódního ovsa
- 1/2 šálku krémového arašídového másla
- 1/4 šálku medu
- 1/4 šálku mletého lněného semínka
- 1/4 šálku mini čokoládových lupínků
- 1/4 šálku drcené cukrové vaty
- 1 lžička vanilkového extraktu

INSTRUKCE:
a) V míse smíchejte oves, arašídové máslo, med, mleté lněné semínko, čokoládové lupínky, drcenou cukrovou vatu a vanilkový extrakt.
b) Míchejte, dokud se dobře nespojí.
c) Ze směsi vytvarujte malé kuličky o průměru asi 1 palec.
d) Kuličky pokládejte na plech vyložený pečicím papírem.
e) Dejte do lednice alespoň na 30 minut, aby energetická sousta zpevnila.

33. Dort z cukrové vaty pops

SLOŽENÍ:
- 1 směs dortové krabičky (příchuť dle vlastního výběru)
- Ingredience potřebné pro dortovou směs (vejce, olej, voda)
- Poleva (příchuť dle vašeho výběru)
- Cukrová vata
- Tyčinky na lízátko
- Cukrovinky nebo čokoládové lupínky (volitelné)

INSTRUKCE:
a) Směs na dort připravíme podle návodu na krabičce.
b) Po upečení a vychladnutí koláč rozdrobte do velké mísy.
c) Na rozdrobený koláč přidejte polevu a míchejte, dokud se dobře nespojí a směs nedrží pohromadě.
d) Ze směsi udělejte malé kuličky a do každé kuličky vložte tyčinku z lízátka.
e) Roztavte bonbóny nebo čokoládové lupínky (pokud používáte) a ponořte každý koláč do roztaveného povlaku, abyste nechali odkapat veškerý přebytek.
f) Dokud je potah ještě mokrá, posypte dortové lupínky drcenou cukrovou vatou.
g) Dortové lupínky postavte svisle na stojánek nebo na plech vyložený pečicím papírem, aby potah ztuhl.
h) Jakmile je cukrová vata nastavena, můžete si ji vychutnat!

34.Čokoládová kůra z cukrové vaty

SLOŽENÍ:
- 12 oz bílé čokolády, nasekané
- Sirup s příchutí cukrové vaty
- Cukrová vata na ozdobu
- Kuželky nebo M&Ms

INSTRUKCE:
a) Plech vyložte pečícím papírem.
b) V misce vhodné do mikrovlnné trouby rozpusťte bílou čokoládu ve 30sekundových intervalech a mezi jednotlivými intervaly míchejte, dokud nebude hladká.
c) Vmíchejte sirup s příchutí cukrové vaty, dokud se zcela nezapracuje.
d) Rozpuštěnou čokoládu nalijeme na připravený plech a rovnoměrně rozetřeme.
e) Rozpuštěnou čokoládu posypeme rozdrcenými kousky cukrové vaty a kuželkami nebo M&M'S.
f) Dejte do lednice na 1-2 hodiny nebo do ztuhnutí.
g) Po ztuhnutí nalámejte kůru na kousky a podávejte.

35. Směs cukrové vaty Chex

SLOŽENÍ:
- 4 šálky cereálií Chex (jakákoli odrůda)
- 1 šálek preclíkových tyčinek
- 1 šálek mini marshmallows
- 1/2 šálku bílých čokoládových lupínků
- 1/4 šálku cukrové vaty

INSTRUKCE:
a) Ve velké míse smíchejte cereálie Chex, preclíkové tyčinky a mini marshmallow.
b) Rozpusťte kousky bílé čokolády v misce vhodné do mikrovlnné trouby podle návodu na obalu.
c) Na cereální směs nalijte rozpuštěnou bílou čokoládu a míchejte, dokud nebude rovnoměrně pokrytá.
d) Směs posypte drcenou cukrovou vatou a jemně promíchejte, aby se rozlila.
e) Směs rozetřeme na plech vyložený pečicím papírem a necháme vychladnout a ztuhnout.
f) Po ztuhnutí rozbijte směs Chex na kousky a vychutnejte si sladkou a křupavou směs z cukrové vaty Chex!

36. Granolové tyčinky z cukrové vaty

SLOŽENÍ:
- 2 šálky staromódního ovsa
- 1 šálek křupavých rýžových obilovin
- 1/2 šálku medu
- 1/2 šálku krémového arašídového másla
- 1/4 šálku drcené cukrové vaty
- 1/4 šálku mini čokoládových lupínků

INSTRUKCE:
a) Ve velké míse smíchejte oves a křupavé rýžové cereálie.
b) V malém hrnci zahřejte med a arašídové máslo na mírném ohni, dokud se nerozpustí a dobře se spojí.
c) Směs arašídového másla nalijte na směs ovsa a cereálií a míchejte, dokud se rovnoměrně nepokryje.
d) Vmíchejte drcenou cukrovou vatu a mini čokoládové lupínky.
e) Směs pevně vtlačíme do vymazané zapékací mísy a dáme do lednice alespoň na 1 hodinu ztuhnout.
f) Po ztuhnutí nakrájejte na tyčinky a vychutnejte si domácí granolové tyčinky z cukrové vaty!

37. Cukrová vata Marshmallow Pops

SLOŽENÍ:
- Velké marshmallows
- Cukrová vata
- Tyčinky na lízátko

INSTRUKCE:
a) Do každého marshmallow vložte tyčinku na lízátko.
b) Na každý marshmallow položte malý kousek cukrové vaty a jemně zatlačte, aby přilnul.
c) Podávejte tak, jak jsou, nebo jemně opečte marshmallow pro zábavu.
d) Užijte si nadýchané a barevné cukrové vaty z marshmallow pops!

38. Cheesecake tyčinky z cukrové vaty

SLOŽENÍ:
- 1 1/2 šálku drobky z grahamového sušenky
- 1/4 šálku cukru
- 1/2 šálku nesoleného másla, rozpuštěného
- 16 oz smetanový sýr, měkčený
- 1/2 šálku cukru
- 2 vejce
- 1 lžička vanilkového extraktu
- Sirup s příchutí cukrové vaty
- Cukrová vata na ozdobu

INSTRUKCE:
a) Předehřejte troubu na 350 °F (175 °C) a pečicí misku vyložte pečicím papírem.
b) V misce smíchejte dohromady drobky z grahamového sušenky, cukr a rozpuštěné máslo, dokud se nespojí.
c) Směs vtlačíme na dno připravené zapékací mísy, aby se vytvořila kůrčička.
d) V jiné míse ušlehejte smetanový sýr, cukr, vejce a vanilkový extrakt do hladka.
e) Vmíchejte několik kapek sirupu s příchutí cukrové vaty, dokud se dobře nespojí.
f) Nalijte smetanový sýr na kůru a rovnoměrně rozetřete.
g) Pečte 25–30 minut, nebo dokud okraje neztuhnou a střed se mírně netřepe.
h) Nechte úplně vychladnout a poté dejte do lednice alespoň na 2 hodiny nebo do vychladnutí.
i) Nakrájejte na tyčinky a každou před podáváním ozdobte malým kouskem cukrové vaty.

39. Sušenky plněné cukrovou vatou

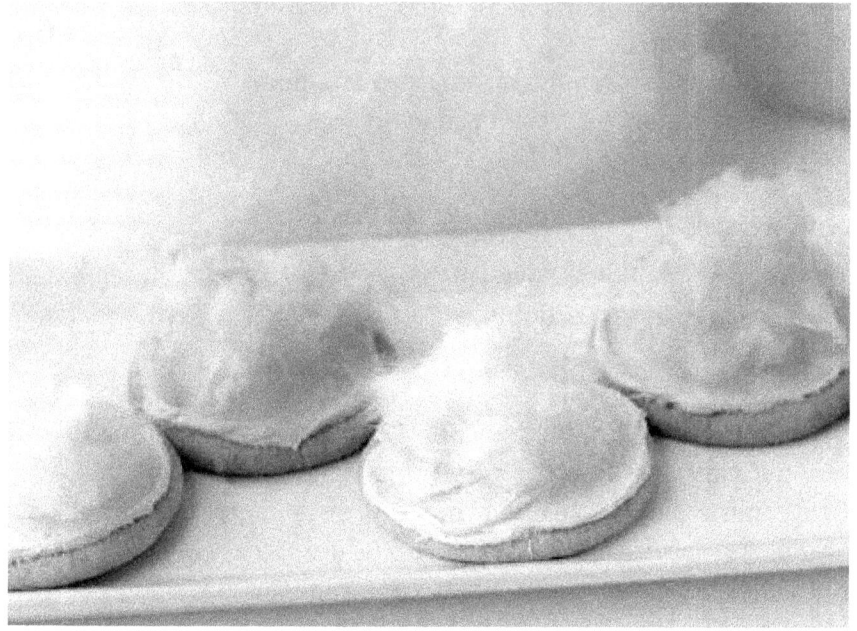

SLOŽENÍ:
- Předpřipravené těsto na cukroví nebo domácí těsto na cukroví
- Cukrová vata

INSTRUKCE:
a) Předehřejte troubu podle pokynů pro těsto na sušenky.
b) Vezměte malou část těsta na sušenky a narovnejte ji v ruce.
c) Do středu těsta položte malý kousek cukrové vaty.
d) Těsto přehněte kolem cukrové vaty a ujistěte se, že je zcela zakryté.
e) Naplněné kuličky těsta pokládejte na plech vyložený pečicím papírem.
f) Pečeme podle návodu na těsto do zlatova.
g) Nechte mírně vychladnout, než si vychutnáte své překvapení plněné cukrovou vatou!

40. Cereální pamlsky z cukrové vaty Marshmallow

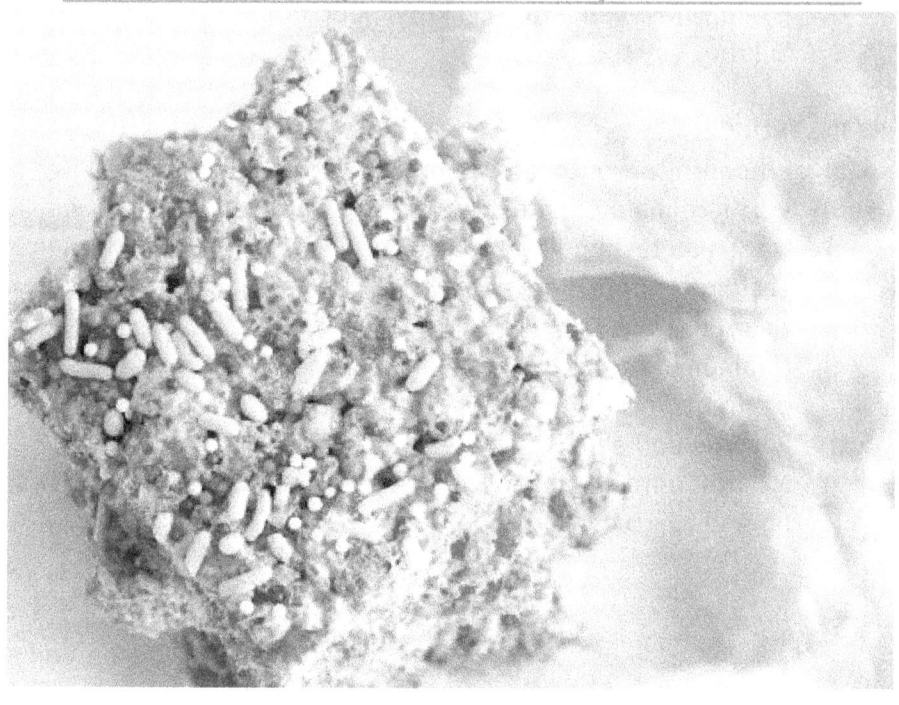

SLOŽENÍ:
- 4 šálky mini marshmallows
- 6 šálků křupavých rýžových obilovin
- 1/4 šálku nesoleného másla
- Cukrová vata

INSTRUKCE:
a) Ve velkém hrnci na mírném ohni rozpustíme máslo.
b) Přidejte mini marshmallows do hrnce a míchejte, dokud se úplně nerozpustí a nebudou hladké.
c) Odstraňte hrnec z plotny a vmíchejte křupavé rýžové cereálie, dokud nebudou rovnoměrně pokryty.
d) Do směsi přidejte malé kousky cukrové vaty a jemně složte, dokud se nerozdělí.
e) Směs vtlačíme do vymazané zapékací misky a necháme vychladnout a ztuhnout.
f) Po ztuhnutí nakrájejte na čtverečky a vychutnejte si cukrovou vatu z cereálií marshmallow!

DIPS

41. Dip z cukrové vaty

SLOŽENÍ:
- 8 uncí bloku smetanového sýra, změkčeného
- 1 hrnek husté smetany ke šlehání
- 2 unce cukrové vaty
- ½ šálku moučkového cukru
- Gelové potravinářské barvivo (v případě potřeby)

INSTRUKCE:
a) Nalijte hustou smetanu ke šlehání do malé misky a přidejte cukrovou vatu. Krém cukrovou vatu okamžitě rozpustí. Pomocí mixéru šlehejte smetanu, dokud se nevytvoří měkké vrcholy. Dát stranou.
b) Ve střední misce smíchejte smetanový sýr a moučkový cukr do hladka.
c) Vmícháme šlehačkovou směs.
d) V případě potřeby přidejte několik kapek gelového potravinářského barviva, abyste dosáhli požadované barvy.
e) Nechte hodinu chladit a podávejte se sušenkami nebo grahamovými sušenkami.

42. Dip z cukrové vaty Marshmallow

SLOŽENÍ:
- 1 šálek marshmallow chmýří
- 1/2 šálku šlehačky
- 2 lžíce sirupu s příchutí cukrové vaty
- Cukrová vata na ozdobu

INSTRUKCE:
a) V míse smíchejte marshmallow chmýří, šlehačku a sirup s příchutí cukrové vaty.
b) Míchejte, dokud se dobře nespojí a nebude krémová.
c) Dip přendejte do servírovací misky a navrch ozdobte cukrovou vatou.
d) Podávejte s ovocnými špízy, preclíky nebo sušenkami na namáčení.

43. Jogurtový dip z cukrové vaty

SLOŽENÍ:
- 1 hrnek řeckého jogurtu
- 2 lžíce medu
- 1/4 šálku sirupu s příchutí cukrové vaty
- Cukrová vata na ozdobu

INSTRUKCE:

a) V míse prošlehejte řecký jogurt, med a sirup s příchutí cukrové vaty do hladka.

b) Dip přendejte do servírovací misky a navrch ozdobte cukrovou vatou.

c) Podávejte s plátky čerstvého ovoce, preclíky nebo grahamovými sušenkami na namáčení.

44. Čokoládový dip z cukrové vaty

SLOŽENÍ:
- 1 šálek čokoládových lupínků
- 1/2 šálku husté smetany
- 2 lžíce sirupu s příchutí cukrové vaty
- Cukrová vata na ozdobu

INSTRUKCE:
a) V misce vhodné do mikrovlnné trouby ohřívejte čokoládové lupínky a hustou smetanu v 30sekundových intervalech, dokud se nerozpustí a nezjemní, mezitím míchejte.
b) Vmíchejte sirup s příchutí cukrové vaty, dokud se dobře nespojí.
c) Dip přendejte do servírovací misky a navrch ozdobte cukrovou vatou.
d) Podávejte s preclíky, marshmallow nebo ovocem na namáčení.

45. Ovocný dip z cukrové vaty

SLOŽENÍ:
- 1 šálek marshmallow krému
- 8 oz smetanový sýr, změkčený
- 1/4 šálku sirupu s příchutí cukrové vaty
- Cukrová vata na ozdobu

INSTRUKCE:
a) V míse prošlehejte marshmallow smetanu a změklý smetanový sýr do hladka.
b) Postupně vmíchejte sirup s příchutí cukrové vaty, dokud se dobře nespojí.
c) Dip přendejte do servírovací misky a navrch ozdobte cukrovou vatou.
d) Podávejte s různými druhy čerstvého ovoce na namáčení.

46. Dip z cukrové vaty s arašídovým máslem

SLOŽENÍ:
- 1 šálek krémového arašídového másla
- 1/2 šálku moučkového cukru
- 1/4 šálku sirupu s příchutí cukrové vaty
- Cukrová vata na ozdobu

INSTRUKCE:
a) V míse vyšleháme krémové arašídové máslo a moučkový cukr do hladka.
b) Postupně vmíchejte sirup s příchutí cukrové vaty, dokud se dobře nespojí.
c) Dip přendejte do servírovací misky a navrch ozdobte cukrovou vatou.
d) Podávejte s preclíky, plátky jablek nebo krekry na namáčení.

47. Dip se šlehačkou z cukrové vaty

SLOŽENÍ:
- 1 šálek husté smetany
- 1/4 šálku moučkového cukru
- 1/4 šálku sirupu s příchutí cukrové vaty
- Cukrová vata na ozdobu

INSTRUKCE:
a) V míse ušlehejte hustou smetanu a moučkový cukr, dokud se nevytvoří tuhé špičky.
b) Jemně vmíchejte sirup s příchutí cukrové vaty, dokud se rovnoměrně nerozdělí.
c) Dip se šlehačkou přendejte do servírovací misky a navrch ozdobte cukrovou vatou.
d) Podávejte se sušenkami, ovocem nebo koláčem na namáčení.

DEZERT

48.Cukrová vata Éclairs

SLOŽENÍ:
PRO CHOUX PISTRY:
- 1 šálek vody
- ½ šálku nesoleného másla
- 1 hrnek univerzální mouky
- 4 velká vejce

K NÁPLNĚ:
- 2 šálky cukrářského krému s příchutí cukrové vaty

NA OBDOBÍ CUKROVÉ vaty:
- Cukrová vata na polevu

NA GLAZURU:
- ½ šálku bílé čokolády, nasekané
- ¼ šálku nesoleného másla
- 1 hrnek moučkového cukru
- ¼ šálku horké vody

INSTRUKCE:
CHOUX PEČIVO:
a) Předehřejte troubu na 375 °F (190 °C) a vyložte plech pečicím papírem.
b) V hrnci smíchejte vodu a máslo. Zahřívejte na středním plameni, dokud se máslo nerozpustí a směs nepřijde k varu.
c) Odstraňte z ohně, přidejte mouku a intenzivně míchejte, dokud se ze směsi nevytvoří koule.
d) Nechte těsto několik minut vychladnout, poté přidejte vejce jedno po druhém a po každém přidání dobře prošlehejte.
e) Těsto přendejte do vydlabacího sáčku a dýmkové éclairs na připravený plech.
f) Pečte asi 30 minut nebo dozlatova. Nechte vychladnout.

PLNICÍ:
g) Připravte si cukrářský krém s příchutí cukrové vaty. Do klasického receptu na cukrářský krém můžete přidat příchuť cukrové vaty nebo drcenou cukrovou vatu nebo použít předem vyrobený cukrářský krém s příchutí cukrové vaty.
h) Naplňte éclairs cukrářským krémem s příchutí cukrové vaty pomocí sáčku nebo malé lžičky.

Ozdoba z cukrové vaty:
i) Těsně před podáváním posypte každý éclair chomáčem cukrové vaty pro rozmarný dotek.

GLAZURA:
j) V žáruvzdorné misce rozpusťte bílou čokoládu a máslo nad dvojitým kotlem.
k) Sundejte z plotny, přidejte moučkový cukr a postupně vmíchejte horkou vodu do hladka.
l) Ponořte horní část každé éclair do bílé čokoládové polevy, aby bylo zajištěno rovnoměrné pokrytí. Přebytek nechte okapat.
m) Glazované éclairs položte na tác a nechte je vychladnout, dokud bílá čokoláda neztuhne.
n) Podávejte vychlazené a zažijte sladkou nostalgii cukrové vaty Éclairs!

49. Košíčky z cukrové vaty

SLOŽENÍ:
VANILKOVÉ KOŠÍČKY
- 1⅓ hrnku hladké mouky
- 1½ lžičky prášku do pečiva
- ¼ lžičky soli
- ½ šálku nesoleného másla, pokojová teplota
- ¾ šálku moučkového cukru
- 2 velká vejce, pokojová teplota
- 1½ lžičky vanilkového extraktu
- ½ šálku mléka, pokojové teploty

PLEVA Z CUKROVÉ vaty
- ½ šálku másla, pokojová teplota
- 4 hrnky moučkového nebo moučkového cukru
- 2–3 lžíce mléka
- Pár kapek s příchutí cukrové vaty
- Několik kapek potravinářského gelu, jako je zelenomodrá, fialová a fialová

INSTRUKCE:
a) Předehřejte troubu na 180 C (350 F) standardní / 160 C (320 F) s ventilátorem. Plech na muffiny s 12 otvory vyložte vložkami na košíčky.

b) Do mísy prosejeme mouku, prášek do pečiva a sůl a promícháme. Ve velké míse smetanu máslo a cukr elektrickým šlehačem asi 3-4 minuty nebo do bledosti a krému.

c) Přidejte vejce, jedno po druhém, a šlehejte, dokud se nespojí. V samostatné nádobě přidejte vanilkový extrakt do mléka.

d) Přidejte přibližně jednu třetinu směsi mouky a polovinu směsi mléka. Jemně promíchejte stěrkou, poté přidejte další třetinu mouky a zbytek mléka. Nakonec přidáme finální moučnou směs. Vaše těsto na košíčky by mělo být pěkné a krémové. Snažte se nepřemíchat.

e) Naplňte připravené košíčky. Vložte do trouby na přibližně 16-18 minut, nebo dokud koláče nebudou navrchu zlaté a při lehkém dotyku vyskočí zpět. Košíčky přendejte na mřížku, aby úplně vychladly.

f) Polevu vytvoříte tak, že máslo našleháte elektrickým šlehačem do krémové a bledé barvy. Prosejeme polovinu moučkového cukru a jednu lžíci mléka.
g) Šlehejte, dokud se nespojí a poté přidejte zbývající moučkový cukr a mléko. Pokud se vám zdá směs příliš suchá, přidejte další lžíci mléka. Jen buďte opatrní, protože chcete, aby poleva byla dostatečně hustá, aby držela tvar, když se stříká. Přidejte pár kapek aroma z cukrové vaty – podle chuti.
h) Polevu rozdělte do tří samostatných misek. Do každé misky přidejte několik kapek potravinářského barviva a míchejte lžící, dokud nedosáhnete požadovaných barev.
i) Uchopte svůj sáček a na konec vložte velký hvězdicový hrot. Velmi jemně přidávejte po lžících jednu polevu a snažte se ji udržet na jedné straně sáčku. Opakujte se zbývajícími barvami. V podstatě se snažíte, aby barvy seděly svisle v sáčku. Nemusíte být přesní, prostě udělejte to nejlepší, co můžete.
j) Jemně zatlačte dolů, abyste odstranili všechny vzduchové bubliny a vytlačte polevu až ke špičce. Otočte horní část sáčku a potrubní polevu na košíčky. První pravděpodobně nebude mít všechny tři barvy, takže použijte tuto jako zkušební provoz.

50.Zmrzlina z cukrové vaty bez stáčení

SLOŽENÍ:
- 2 šálky velmi studené smetany ke šlehání
- 1 14-uncová plechovka slazeného kondenzovaného mléka, studené
- 2 lžičky s příchutí cukrové vaty
- Potravinářské barvivo v růžové a modré (volitelné)

INSTRUKCE:
a) Umístěte bochník a velkou mísu a šlehejte do mrazničky na přibližně 30 minut, než je budete připraveni použít. Ujistěte se, že smetana ke šlehání a kondenzované mléko jsou velmi studené.
b) Ve velké míse nebo míse stojanového mixéru ušlehejte smetanu ke šlehání, dokud se nevytvoří tuhé vrcholy, což obvykle trvá asi 4 minuty.
c) Ve střední misce smíchejte slazené kondenzované mléko a příchuť cukrové vaty, dokud nedosáhnete hladké konzistence.
d) Postupně přidávejte směs kondenzovaného mléka do šlehačky a jemně ji vmíchejte. Tento krok zajistí lahodně hladkou texturu.
e) Směs rozdělte do dvou samostatných misek, přičemž každá miska obsahuje přibližně 3 šálky. Pro extra nádech rozmaru použijte růžové potravinářské barvivo v jedné misce a modré ve druhé.
f) Vyjměte ošatku nebo nádobu z mrazáku a nasypte do ní po lžících zmrzlinovou směs.
g) Zvyšte vizuální přitažlivost tím, že posypete horní část pánve zábavnými postřikovači nebo jimi. Buďte kreativní při výběru!
h) Nechte zmrzlinu ztuhnout tak, že ji dáte přes noc do mrazáku. Tento krok zajistí pevnou a příjemnou texturu, která uspokojí vaše chutě na sladké.

51. Dort z cukrové vaty

SLOŽENÍ:
NA DORT:
- 1 šálek plnotučného mléka
- 6 velkých vaječných bílků
- 2 lžičky extraktu z cukrové vaty
- 2 ¼ šálků mouky na dort
- 1 ¾ šálku granulovaného cukru
- 4 lžičky prášku do pečiva
- Sypání
- 12 lžic másla
- Růžové nebo modré potravinářské barvivo (volitelné)

PRO CUKROVOU vatu JEDNODUCHÝ SIRUP:
- ½ šálku cukrové vaty
- ½ šálku vody

NA PLEVA NA CUKROVOU vatu:
- ½ lžičky extraktu z cukrové vaty
- 3 tyčinky Slané máslo, změkčené
- 5 šálků moučkového cukru
- 2-3 lžíce smetany ke šlehání

PRO VOLITELNOU OBLOŽENÍ:
- Cukrová vata nebo cukrová vata

INSTRUKCE:
NA DORT:
a) Předehřejte troubu na 350 °F. Velkoryse máslem a moukou dvě 8 nebo 9palcové dortové formy a dejte je stranou.
b) Ve velké skleněné odměrce na tekutiny ušlehejte mléko, vaječné bílky a příchuť cukrové vaty. Odložte tuto magickou směs stranou.
c) Ve velké míse prošlehejte mouku, cukr, prášek do pečiva a sypání. Moučnou směs a máslo šlehejte na nízkou rychlost, dokud se nerozdrolí, asi 3 minuty.
d) S mixérem na nízké úrovni vmíchejte vše kromě ½ šálku mléčné směsi. Zvyšte rychlost na střední a šlehejte asi 3 minuty do hladka.
e) Podle potřeby oškrábejte stěny mísy. Vmíchejte zbývající mléčnou směs, dokud se nepromíchá.

f) Těsto na závěr promíchejte gumovou stěrkou a oškrábejte dno mísy, aby se vše plně spojilo. Těsto rovnoměrně nalijte do připravených formiček, povrch uhlaďte.
g) Pečte asi 20 minut, nebo dokud povrch nezhnědne a středy po lehkém doteku nevyskočí.
h) Vyjměte z trouby a nechte koláče asi 5 minut vychladnout na pánvích, než je vyklopíte na mřížku, aby úplně vychladly.

PRO CUKROVOU vatu JEDNODUCHÝ SIRUP:
i) V malém těžkém hrnci šlehejte na středním plameni cukr cukrovou vatu a vodu, dokud se směs nepřivede k varu. Vařte 3 minuty za občasného míchání, dokud se cukr nerozpustí a směs nepokryje zadní stranu lžíce.
j) Nalijte sirup do malého kelímku nebo misky a vložte jej do chladničky, dokud nevychladne.

NA POLOVU:
k) V míse mixéru šlehejte máslo, jednoduchý sirup a příchuť cukrové vaty na střední rychlost do hladka.
l) S mixérem na nízké úrovni pomalu přidávejte moučkový cukr, dokud se nespojí. Přidejte hustou smetanu, poté pomalu zvyšujte rychlost mixéru na vysokou a šlehejte jednu minutu, dokud nebude světlá a nadýchaná.

SESTAVTE A OZDOBTE:
m) Vychladlý dort sestavte a pomrazte a podle potřeby jej ozdobte cukrovím.

52. Sendviče se zmrzlinou z cukrové vaty

SLOŽENÍ:
- Zmrzlina s příchutí cukrové vaty
- Měkké cukroví (koupené v obchodě nebo domácí)
- Sypání (volitelné)

INSTRUKCE:
a) Zmrzlinu s příchutí cukrové vaty nechte při pokojové teplotě mírně změknout.
b) Na spodní stranu cukroví položte kopeček zmrzliny.
c) Navrch dejte další sušenku a jemně zatlačte, aby se zmrzlina obložila.
d) Okraje zmrzlinového sendviče podle potřeby zabalte do posypů.
e) Opakujte se zbývajícími sušenkami a zmrzlinou.
f) Zmrzlinové sendviče dejte do mrazáku alespoň na 1 hodinu, aby ztuhly.
g) Jakmile jsou vaše sendviče se zmrzlinou z cukrové vaty hotové, můžete si je vychutnat!

53. Mramorová cukrová vata Fudge

SLOŽENÍ:
- 24 uncí kůry bílé čokolády
- 1 plechovka (14 uncí) slazeného kondenzovaného mléka
- 2 lžičky extraktu z cukrové vaty
- Světle modrý gel na potravinářské barvivo
- Potravinářský gel světle růžové barvy

INSTRUKCE:
a) Vyložte pánev o rozměrech 8 x 8 palců hliníkovou fólií nebo pergamenovým papírem, abyste později mohli fondán snadno uvolnit.
b) Vložte kůru bílé čokolády do misky vhodné do mikrovlnné trouby. Ohřívejte v mikrovlnné troubě v 30sekundových intervalech za častého míchání, dokud se kůra úplně nerozpustí.
c) Přidejte slazené kondenzované mléko a příchuť cukrové vaty k rozpuštěné bílé čokoládě, čímž vytvoříte delikátní základ.
d) Rozdělte fudge směs do dvou misek. Do jedné misky přidejte malé množství modrého potravinářského gelu a do druhé růžové. Upravte množství podle intenzity gelu pro potravinářské barvivo.

SHROMÁŽDĚNÍ:
e) Do připravené pánve nasypte náhodně odměrky každé barevné směsi.
f) Pomocí párátka umně promíchejte barvy dohromady a vytvořte fascinující mramorový vzhled, který odráží rozmar cukrové vaty.
g) Dejte fudge do lednice alespoň na 2 hodiny nebo dokud nebude pevný a ztvrdlý.
h) Po ztuhnutí nakrájejte fondán na nádherné kousky, z nichž každý ztělesňuje kouzelnou směs chutí cukrové vaty. Podávejte a sledujte, jak se rozvíjí radost!

54. Sendviče z cukrové vaty

SLOŽENÍ:
PRO CANDY COOKIE SENDVIČE:
- 1-¼ šálku krystalového cukru
- ½ šálku nesoleného másla, pokojová teplota
- ¼ šálku podmáslí
- 1 vejce
- 1 lžička JRC Liquid Cotton Candy* nebo aroma z cukrové vaty
- 2-¼ šálků univerzální mouky
- ¾ lžičky jedlé sody
- ¼ lžičky soli
- ½ lžičky prášku do pečiva
- 1 kapka jemné růžové gelové potravinářské barvy
- 1 kapka nebesky modré gelové potravinářské barvivo

PRO MÁSLOVOU BAVLNU:
- 1 šálek nesoleného másla, pokojová teplota
- 1-½ hrnku cukrářského cukru
- 2 lžičky JRC Liquid Cotton Candy* nebo aroma z cukrové vaty
- 1 kapka jemné růžové gelové potravinářské barvy
- 1 kapka nebesky modré gelové potravinářské barvivo

INSTRUKCE:
PŘIPRAVTE CUKROVÉ COOKIES:
a) Předehřejte troubu na 350 stupňů F a vyložte plechy pečicím papírem.
b) Cukr a máslo ušlehejte ve stojanovém mixéru, dokud nebudou světlé a nadýchané.
c) V malé misce ušlehejte podmáslí, vejce a příchuť cukrové vaty. Pomalu přidávejte do máslové směsi a míchejte, dokud se zcela nezapracuje.
d) Přidejte mouku, jedlou sodu, sůl a prášek do pečiva a míchejte, dokud se těsto nespojí a neodlepí se od stěn mísy.
e) Těsto rozdělte a do jedné porce přidejte růžové potravinářské barvivo a do druhé modré. Těsto spolu jemně promíchejte.
f) Těsto nabíráme na plechy a spodní částí dlaně zploštíme.
g) Pečte 6-10 minut, dokud okraje nezačnou hnědnout.

PŘIPRAVTE MÁSLOVÝ KRÉM:

h) Ve stojanovém mixéru šlehejte máslo asi 2 minuty. Postupně přidávejte cukrářský cukr a poté 2 minuty šlehejte na středně vysokou teplotu, dokud nebude světlá a nadýchaná.

i) Přidejte příchuť cukrové vaty a šlehejte na nejvyšší stupeň další minutu.

j) Rozdělte máslový krém a obarvěte jednu porci na růžovo a druhou na modro.

SHROMÁŽDĚNÍ:

k) Přeneste máslový krém do sáčku se špičkou č. 8B, střídavě růžovou a modrou.

l) Na polovinu sušenek naneste máslový krém a kolem okrajů nechte odkrytý ½ palcový kroužek.

m) Navrch položte zbývající sušenky a jemným stisknutím vytvořte sendvičové sušenky.

n) Pro snadnější manipulaci vychlaďte v lednici.

o) Uchovávejte sušenky ve vzduchotěsné nádobě v lednici po dobu až 4 dnů.

55.Fudge z cukrové vaty z marshmallow

SLOŽENÍ:
- 2 hrnky cukru
- ¾ šálku másla
- 12 uncí bílé čokolády nebo vanilkových lupínků
- 7-uncová sklenice marshmallow krém
- ¾ šálku husté smetany ke šlehání
- 1 ½ lžičky s příchutí cukrové vaty
- Růžové potravinářské barvivo

INSTRUKCE:
a) Pánev o rozměrech 13 x 9 palců vyložte fólií a štědře ji nastříkejte nepřilnavým sprejem.
b) Vytvořte základnu Fudge:
c) V hrnci smíchejte cukr, máslo, hustou smetanu a máslo na mírném ohni. Míchejte, dokud se cukr úplně nerozpustí.
d) Po rozpuštění přiveďte směs k varu za stálého míchání asi 4 minuty.
e) Odstraňte z ohně a vmíchejte marshmallow krém a vanilkové lupínky, dokud se všechny lupínky nerozpustí.

VRSTVE FUDGE:
f) Nalijte ¾ směsi fudge do připravené alobalem vyložené formy.
g) Přidejte příchuť cukrové vaty do zbývající směsi fondánů v hrnci a míchejte, dokud se dobře nespojí.

VYTVOŘIT VÍRY:
h) Po lžících pokapejte nebo pokapejte směs s příchutí cukrové vaty na fondán, který je již na pánvi.
i) Nakapejte 2-3 kapky růžového potravinářského barviva do různých oblastí nad fondánem. Pomocí nože na máslo prořízněte fondán a vytvořte podmanivé víry.
j) Zakryjte pánev a nechte fudge ztuhnout v lednici, dokud nebude pevný.
k) Po ztuhnutí vyjměte fondán z pánve zvednutím za fólii. Nakrájíme na nádherné čtverečky.

56. Modrý dort z cukrové vaty

SLOŽENÍ:
INGREDIENCE NA DORT
- 355 ml Cotton Candy Soda – v případě potřeby můžete použít krémovou sodu
- 1 - 15 oz Box White Cake Mix
- Světle modré potravinářské barvivo, volitelné

PLEVACÍ INGREDIENCE
- 1 šálek Cotton Candy Soda – nebo použijte 1 lžičku extraktu z cukrové vaty
- 1/2 šálku másla, změkčeného
- 4 šálky moučkového cukru
- 1-2 lžíce mléka
- Světle modré potravinářské barvivo, volitelné
- Pastelové postřiky podle přání

INSTRUKCE:
a) Předehřejte troubu na 350 stupňů F.
b) Zapékací misku 9" x 11" vymažte tukem a dejte stranou.
c) Ve velké míse šlehejte 2 minuty směs na bílý koláč a sodu z cukrové vaty. V případě potřeby upravte barvu světle modrým potravinářským barvivem. (Pokud používáte, udělejte těsto na dort tmavě modré, než chcete, aby byl hotový dort, protože pečením zesvětlí.)
d) Pečte 25 - 30 minut, dokud zapíchnuté párátko nevyjde čisté.
e) Před polevou nechte koláč úplně vychladnout.
f) Mezitím dejte 1 šálek sody z cukrové vaty do hrnce a zahřívejte do varu na středně vysoké teplotě.
g) Snižte na středně nízkou a vařte, dokud se nesníží na 1/4 (2 oz sody by měly zůstat). Nechte zcela vychladnout.
h) Ve velké míse šlehejte 2 minuty máslo a moučkový cukr a poté přidejte zredukovanou sodu z cukrové vaty.
i) Šlehejte, aby se zapracovalo, poté přidejte mléko podle potřeby, abyste dosáhli roztíratelné textury. V případě potřeby upravte barvu modrým potravinářským barvivem.
j) Pomocí odsazené stěrky polevu rozetřete na vychladlý dort.
k) Chcete-li dosáhnout zábavné textury znázorněné na obrázcích, použijte krátké tahy k rozetření polevy, pak se vraťte přes ojíněný dort a trochu ho zdrsněte.
l) Dort ozdobte posypem dle libosti.

57. Sušenky z cukrové vaty

SLOŽENÍ:
- 1 šálek nesoleného másla pokojové teploty
- 1 ¼ šálku krystalového cukru
- 1 vejce nebo ⅓ šálku aquafaby
- 1 lžička aroma cukrové vaty
- ½ lžičky vanilkového extraktu
- 2 hrnky univerzální mouky
- 1 ½ lžičky prášku do pečiva
- ½ lžičky soli

INSTRUKCE:
a) Předehřejte troubu na 350 stupňů F a vyložte plech pečicím papírem. Dát stranou.
b) Ve střední míse smíchejte univerzální mouku, prášek do pečiva a sůl. Dát stranou.
c) Pomocí mixéru ušlehejte cukr s máslem do světlé a nadýchané hmoty.
d) Přidejte vejce nebo aquafabu, příchuť cukrové vaty a vanilkový extrakt. Míchejte, dokud se dobře nespojí.
e) Za stálého míchání pomalu přidávejte moučnou směs k mokrým ingrediencím. Jakmile se těsto spojí, rozdělte ho na dvě části.
f) Jednu dávku těsta vraťte do mixéru a přidejte růžové gelové potravinářské barvivo a pomalu míchejte, dokud se nezapracuje.
g) Mísu lehce vyčistěte a poté přidejte zbývající těsto s modrým gelovým potravinářským barvivem a míchejte na nízké teplotě, dokud se dobře nespojí.
h) Pomocí ¼ odměrky odeberte polovinu modrého a polovinu růžového těsta, srolujte je do koule a položte na vymazaný plech.
i) Pečte 10–12 minut nebo dokud okraje nezezlátnou.
j) Užijte si své nádherné cukrové cukroví!

58. Cukrová vata Oreo Lanýže

SLOŽENÍ:
- 20 cukroví cukrové vaty Oreo
- 6 uncí smetanového sýra, změkčeného
- 1 balení (12 uncí) modré cukroví se rozpustí (příchuť vanilka)
- 1 balení (12 uncí) růžové cukroví se rozpouští (příchuť vanilka)

INSTRUKCE:
a) Přes plech na sušenky položte dlouhý list voskového papíru a odložte jej stranou.
b) Celé Oreos vložte do kuchyňského robotu a rozdrťte, dokud nebude jemně rozdrceno. Případně, pokud nemáte kuchyňský robot, můžete Oreos umístit do velkého sáčku Ziploc, uzavřít jej a rozdrtit sušenky válečkem, dokud nebudou jemně rozdrceny.
c) K rozdrcenému Oreos přidejte kousky smetanového sýra a pulsujte v kuchyňském robotu, dokud není směs rovnoměrně navlhčená a nevytvoří se „těsto", které se zcela spojí.
d) Naberte směs a vytvořte z ní 1-palcové kuličky a poté je položte na připravený plech. Mohou být nepořádní, ale to je v pořádku.
e) Umístěte lanýže do mrazáku asi na půl hodiny (nebo déle).
f) Čokoládu rozpustíme podle návodu na obalu. Pokud používáte dvě barvy, rozpusťte tu hlavní, do které lanýže namáčíte. Vyvarujte se připálení. Pokud používáte mikrovlnnou troubu, provádějte to v 20-30 sekundových intervalech na poloviční výkon a pokaždé promíchejte.
g) Vyjměte lanýže z mrazáku, v případě potřeby je vytvarujte rukama a pomocí vidličky, dvou vidliček nebo párátka je namáčejte v rozpuštěné čokoládě. Ujistěte se, že jsou rovnoměrně potažené a nechte přebytečnou čokoládu stéct.
h) Vraťte lanýže na plech a nechte čokoládu ztuhnout.
i) Pokud používáte druhou barvu, rozpusťte tuto čokoládu, jakmile je druhá čokoláda již nastavena na lanýže. Pokapejte ji přes vršek pomocí zipového sáčku s odstřiženým rohem nebo jiným preferovaným způsobem.
j) Lanýže skladujte zakryté ve vzduchotěsné nádobě v chladničce, dokud nejsou připraveny k podávání. Také dobře mrazí.

59. Macarons z cukrové vaty

SLOŽENÍ:
MAKARONKY Z CUKROVÉ vaty
- ½ šálku + 2 lžíce superjemné mandlové mouky - blanšírované
- ½ šálku moučkového cukru
- Asi 2 velká vejce (55 g) odleželé bílky
- Volitelně: Špetka vinného kamene
- ¼ šálku + 1 lžička krystalového cukru
- Volitelně: Gelové potravinářské barvivo

NA CUKROVOU VATNU MÁSLOVOU PLEVA
- ¼ šálku nesoleného másla, pokojová teplota
- 1 lžička vanilkového extraktu nebo pasty z vanilkového lusku
- ⅛ lžičky soli
- 1 lžička extraktu z cukrové vaty
- Volitelně: Růžové gelové potravinářské barvivo
- 1 hrnek moučkového cukru
- 2 lžičky husté smetany

INSTRUKCE:
MAKARONKY Z CUKROVÉ vaty

a) Do velké mísy prosejeme 70 g superjemné mandlové mouky a 63 g moučkového cukru a dáme stranou.

b) Do mísy stojanového mixéru nalijte 55 g odleželých vaječných bílků a míchejte na střední rychlost, dokud povrch bílků nepokryje malé bublinky. Přidejte špetku smetany z tatarského kamene a pokračujte v míchání, dokud nedosáhnete fáze měkkého vrcholu.

c) Do vajec přidejte 55 g krystalového cukru a míchejte na střední rychlost 30 sekund. Pokud chcete, přidejte v tomto okamžiku růžové gelové potravinářské barvivo a poté zvyšte rychlost míchání na středně vysokou rychlost. Pokračujte v míchání, dokud se nevytvoří tuhé, lesklé vrcholy.

d) Suché ingredience přidávejte do pusinky ve dvou přídavcích kruhovým pohybem, dokud ze stěrky po zvednutí nestéká tlustá stuha těsta. Dávejte pozor, abyste těsto nepřemíchali!

e) Nalijte těsto do velkého sáčku se středně velkou kulatou špičkou a na připravené plechy nandejte kolečka o průměru 1 ¼ palce ve vzdálenosti asi 1 palce od sebe.

f) Několikrát pevně bouchněte pánvemi o pracovní desku, aby se uvolnily vzduchové bubliny, a poté párátkem vyrazte všechny zbývající vzduchové bubliny, které se dostanou na povrch.
g) Makronky nechte 30 minut odpočinout, aby se vytvořila slupka. Makronky by měly vypadat matně, jakmile se vytvoří slupka.
h) Když macarons odpočívají, předehřejte troubu na 300 F.
i) Pečte vždy jeden plech macaronů na středním roštu trouby po dobu 16–17 minut a v polovině otočte pánví.
j) Vyjměte z trouby a nechte macarons vychladnout na pánvi (asi 15 minut), poté je opatrně vyjměte z podložky silpat.

PLEVA Z CUKROVÉ vaty
k) Šlehejte 56 g másla pokojové teploty při střední rychlosti po dobu 1–2 minut pomocí šlehacího nástavce, dokud nebude mít světlejší barvu a nebude hladké.
l) Vmíchejte 4 g vanilkového extraktu, 1 g soli, 4 g extraktu z cukrové vaty a kapku růžového gelového potravinářského barviva při nízké rychlosti.
m) Pomalu vmícháme 125 g moučkového cukru a 10 g husté smetany na nízké otáčky.
n) Pokračujte v míchání na nízké úrovni po dobu několika minut, dokud se ingredience zcela nezapracují a nedosáhne se požadované konzistence.
o) Pokud je poleva příliš hustá, přidejte další hustou smetanu nebo mléko (1 lžičku najednou). Pokud je poleva příliš řídká, přidejte více moučkového cukru (1 polévková lžíce najednou).
p) Vložte do sáčku s malou francouzskou špičkou a odložte stranou.

MONTÁŽ TĚCHTO MAKARONŮ Z CUKROVÉ vaty
q) Kolem jedné skořápky makaronů natřete tlustý kopeček máslového krému z cukrové vaty nebo polevy dle vlastního výběru. Jemně přitlačte druhou skořápku na vrch polevy a vytvořte sendvič.
r) Hotové makronky vložte do vzduchotěsné nádoby a nechte přes noc vychladit v lednici, poté je nechte ohřát na pokojovou teplotu a užívejte si!

60. Dort z cukrové vaty

SLOŽENÍ:

- 1 krabička směsi na bílý dort (nebo váš oblíbený recept na bílý dort)
- ¼ až ½ lžičky aroma cukrové vaty (upravte podle chuti)
- 2 krabičky instantní pudingová směs z bílé čokolády
- 3 šálky mléka
- 1 velká nádoba vychlazená bič
- 1 balení cukrové vaty
- Potravinářské barvivo

INSTRUKCE:

a) Připravte si těsto na dort podle pokynů na krabičce nebo v receptu.
b) Do těsta přidejte ¼ až ½ čajové lžičky aroma z cukrové vaty a promíchejte.
c) Těsto nalijte do vymazané nebo vystříkané formy 13 x 9 palců a pečte podle krabice nebo vašeho receptu.
d) Dort necháme vychladnout na mřížce pouze 5-10 minut.
e) Zadní stranou vařečky vyvrtejte do dortu otvory.
f) V misce smíchejte dvě malé krabičky instantní pudingové směsi a 3 hrnky mléka.
g) Přidejte potravinářské barvivo do pudingové směsi, mramorujte barvy. Pracujte rychle, aby pudink před naléváním nezhoustl.
h) Pudinkovou směs rychle nalijte na koláč a rovnoměrně rozetřete.
i) Dort necháme asi hodinu vychladit v lednici.
j) Vychladlý dort přikryjte vychladlým šlehačem.
k) Těsně před podáváním posypte dort cukrovou vatou.

61. Krémová vata se rozpouští

SLOŽENÍ:
- 4 unce smetanového sýra
- ¾ čajové lžičky Poleva s příchutí cukrové vaty Směs příchutí
- 3 hrnky moučkového cukru
- 2 lžíce superjemného cukru

INSTRUKCE:
a) Do mixovací nádoby vložte smetanový sýr a ¾ lžičky balíčku s příchutí; Mixujte, dokud nebude hladká a promíchaná.
b) Postupně přidávejte práškový cukr; Míchejte, dokud směs nezíská tuhou hustou konzistenci, jako těsto na koláč – nepřemíchejte.
c) Vyjměte směs z misky a vyválejte na malé kuličky o velikosti ½ palce až ¾ palce.
d) Kuličky rolujte v superjemném cukru; Poté položte na plech vyložený voskovým papírem.
e) Zadní stranou lžíce lehce zploštěte koule, abyste vytvořili ¼ palce tlusté placičky.
f) Nakrájejte zploštělé koule do vroubkovaných tvarů pomocí 38 mm (1 ½-palcového vroubkovaného řezáku)

62. Pěna z cukrové vaty

SLOŽENÍ:
- 4 unce smetanového sýra, pokojová teplota
- 2 polévkové lžíce sirupu z cukrové vaty
- 1 polévková lžíce mléka nebo smetany
- 1 hrnek moučkového cukru
- 8 uncí vana Cool Whip
- Cukroví na ozdobu, volitelné

INSTRUKCE:
a) V míse vašeho mixéru smíchejte smetanový sýr, sirup a mléko, dokud nebude hladká.
b) Pomalu zašleháme moučkový cukr. Poté přiklopte Cool Whip.
c) Lžící nalijte do 12 sklenic na dezert nebo do jakýchkoli malých servírovacích misek.
d) Chlaďte alespoň 3 hodiny. Podávejte vychlazené.

63.Cukrová vata Affogato

SLOŽENÍ:
- 3 kopečky vanilkové zmrzliny
- 1 panák horkého espressa
- cukrová vata

INSTRUKCE:
a) Naberte zmrzlinu do široké mísy.
b) Navrch dejte cukrovou vatu.
c) Nalijte horký panák espressa na cukrovou vatu krouživými pohyby, dokud se nerozpustí.
d) Jezte okamžitě.

64. Cukrová vata Panna Cotta

SLOŽENÍ:
- 2 šálky husté smetany
- 1/4 šálku cukru
- 1 lžička vanilkového extraktu
- 2 balíčky (asi 14 g) neochucené želatiny
- 1/4 šálku vody
- Cukrová vata na ozdobu

INSTRUKCE:
a) V hrnci zahřejte na středním plameni smetanu a cukr, dokud se cukr nerozpustí. Sundejte z ohně a vmíchejte vanilkový extrakt.
b) V malé misce nasypeme želatinu na vodu a necháme 5 minut odležet, aby vykvetla.
c) Jakmile odkvete, zašlehejte želatinovou směs do teplého krému, dokud se úplně nerozpustí.
d) Směs nalijte do servírovacích sklenic nebo formiček.
e) Dejte do lednice alespoň na 4 hodiny nebo do ztuhnutí.
f) Před podáváním každou panna cottu ozdobte malým kouskem cukrové vaty.

65. Cukrová vata rýžový nákyp

SLOŽENÍ:
- 1 šálek rýže Arborio
- 4 šálky mléka
- 1/2 šálku cukru
- 1 lžička vanilkového extraktu
- Cukrová vata na polevu

INSTRUKCE:
a) Ve velkém hrnci smíchejte rýži, mléko a cukr.
b) Přiveďte k varu na středním plameni, poté snižte teplotu na minimum a za občasného míchání vařte, dokud rýže nezměkne a směs nezhoustne, asi 20–25 minut.
c) Sundejte z ohně a vmíchejte vanilkový extrakt.
d) Rýžový nákyp nalijte do servírovacích misek.
e) Nechte mírně vychladnout a poté každou porci těsně před podáváním posypte velkým množstvím cukrové vaty.

66.Cukrová vata

SLOŽENÍ:

- 1/2 šálku vody
- 1/4 šálku nesoleného másla
- 1/2 šálku univerzální mouky
- 2 velká vejce
- Šlehačka s příchutí cukrové vaty (vyrobená složením příchuti cukrové vaty do šlehačky)
- Cukrová vata na ozdobu

INSTRUKCE:

a) Předehřejte troubu na 375 °F (190 °C) a vyložte plech pečicím papírem.
b) V hrnci přiveďte k varu vodu a máslo.
c) Míchejte mouku, dokud se ze směsi nevytvoří koule a neodlepí se od stěn pánve.
d) Odstraňte z ohně a nechte mírně vychladnout.
e) Jedno po druhém zašlehejte vejce, dokud se úplně nezapracují a těsto nebude hladké.
f) Těsto přendejte do pekařského sáčku s velkou kulatou špičkou.
g) Na připravený plech nandejte malé kopečky těsta.
h) Pečte 20–25 minut, nebo dokud nejsou nafouknuté a zlatavě hnědé.
i) Puškvorky necháme úplně vychladnout a pak každou naplníme šlehačkou s příchutí cukrové vaty.
j) Před podáváním ozdobte na vrcholu každé bábovky malým kouskem cukrové vaty.

67. Rozmarná pastelová cukrová jablka

SLOŽENÍ:
- 6 středních jablek granny smith (nebo varianta dle výběru, omytá, sušená a zbavená stopky)
- 3 šálky (600 g / 1 lb + 5 oz) krystalového cukru
- 1 šálek (237 ml) vody
- 1/2 šálku (118 ml) světlého kukuřičného sirupu
- 1 dram láhev (3/4 čajové lžičky / 3,75 ml) oleje s příchutí cukrové vaty
- 2 polévkové lžíce (30 ml) jasně bílé měkké gelové potravinářské barvy plus 2-3 další barvy dle výběru
- Cukrová vata
- Třpytky/sypy dle výběru

INSTRUKCE:
a) Plech vyložte silikonovou pečicí podložkou nebo vymažte tukem.
b) Vložte tyčinky sušenky asi do 3/4 do každého jablka a ujistěte se, že nevyklouznou ze dna.
c) Ve středně těžkém hrnci smíchejte cukr, vodu a kukuřičný sirup. Navlhčeným cukrářským kartáčem potřete stěny hrnce, abyste odstranili zatoulané krystalky cukru.
d) Umístěte hrnec na středně vysokou teplotu a připojte teploměr na cukroví, ujistěte se, že se nedotýká dna hrnce.
e) Nechte směs nerušeně vařit, dokud teploměr nedosáhne 302 °F (fáze tvrdého praskání). Během vaření si připravte aromatický olej a barviva.
f) Jakmile cukrový povlak dosáhne 302 °F, odstraňte z tepla a vmíchejte aromatický olej a poté bílou barvu pomocí žáruvzdorné gumové stěrky.
g) Rychle přidejte kapky vámi vybraných potravinářských gelových barev bez míchání a jednou nebo dvakrát zakružte pánví, aby se barvy zbarvily do mramoru.
h) Nakloňte pánev tak, aby se povlak shromáždil na jednu stranu, a poté každé jablko ponořte/kružte, dokud nebude důkladně obaleno. Nechte přebytečnou polevu okapat zpět do hrnce a poté položte obalená jablka na připravený plech.

i) Až budete připraveni k podávání, napíchněte na každou tyčinku na jablkách jeden nebo dvě cukrové vaty. Podle libosti ozdobte posypem nebo třpytkami.
j) Volitelné: Pokud používáte vzorovaná papírová brčka, přesuňte je přes tyčinky sušenek a ořízněte vršky tak, aby odpovídaly výšce tyčinky.

68.Nanuky z cukrové vaty

SLOŽENÍ:
- Sirup s příchutí cukrové vaty
- 2 šálky mléka
- 1/4 šálku cukru
- Cukrová vata na ozdobu

INSTRUKCE:
a) V míse prošlehejte sirup s příchutí cukrové vaty, mléko a cukr, dokud se dobře nespojí.
b) Směs nalijte do formiček na nanuky.
c) Vložte tyčinky od nanuků a zmrazte do ztuhnutí, asi 4–6 hodin nebo přes noc.
d) Po zmrznutí vyjměte nanuky z formiček.
e) Každý nanuk před podáváním ozdobte malým kouskem cukrové vaty.

69. Dezert Burrito z cukrové vaty

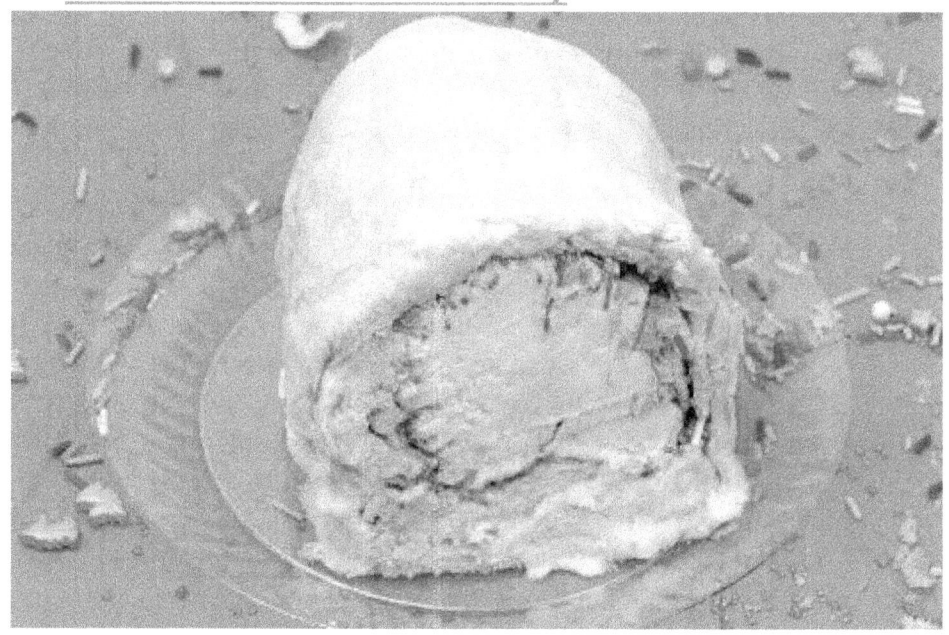

SLOŽENÍ:
- Cukrová nit
- Zmrzlina (doporučena příchuť cukrová vata)
- Sypání
- Marshmallows

INSTRUKCE:
a) Postupujte podle pokynů pro balení na cukru Floss a vytvořte dávku cukrové vaty.
b) Jakmile je cukrová vata hotová, opatrně ji vyrovnejte do tvaru tortilly a ujistěte se, že dosáhne tloušťky alespoň ½ palce.
c) Libovolně pokryjte zploštělou cukrovou vatu štědrou vrstvou posypů a marshmallow, čímž vytvoříte příjemnou bariéru mezi cukrovou vatou a nadcházející zmrzlinou.
d) Naberte svou preferovanou příchuť zmrzliny na sypanou cukrovou vatu a vytvořte sladké jádro.
e) Posypte zmrzlinu barevnějšími polevy, čímž zajistíte vizuálně přitažlivý povrch.
f) Srolujte kombinaci cukrové vaty a zmrzliny jako burrito a vytvořte fascinující vír barev a textur.
g) Chcete-li podávat, rozkrojte Cotton Candy Burrito napůl a odhalte vrstvy sladké dobroty uvnitř.

70. Naběračky na cukrovou vatu

SLOŽENÍ:
- Těsto na palačinky
- Sirup s příchutí cukrové vaty
- Javorový sirup

INSTRUKCE:
a) Připravte si své oblíbené palačinkové těsto podle receptu nebo návodu na obalu.
b) Do těsta na palačinky vmíchejte pár kapek sirupu s příchutí cukrové vaty.
c) Zahřejte pánev nebo nepřilnavou pánev na střední teplotu.
d) Nalijte malá kolečka těsta na pánev a vytvořte mini palačinky.
e) Vařte, dokud se na povrchu nevytvoří bublinky, poté otočte a vařte dozlatova z druhé strany.
f) Mini palačinky podávejte s javorovým sirupem na namáčení a pro extra sladkost ozdobte cukrovou vatou.

71. Drobnost z cukrové vaty

SLOŽENÍ:
- 1 balení vanilkového pudinkového mixu
- 2 hrnky studeného mléka
- Sirup s příchutí cukrové vaty
- Šlehačka
- Cukrová vata na ozdobu
- Dortové kostky (koupené v obchodě nebo domácí)
- Jahody

INSTRUKCE:
a) Vanilkový pudink připravíme podle návodu na obalu za použití studeného mléka.
b) Do pudinku vmíchejte pár kapek sirupu s příchutí cukrové vaty, dokud se dobře nespojí.
c) Do misky na drobnosti nebo jednotlivých servírovacích skleniček navrstvíme dortové kostky, pudink s příchutí cukrové vaty, jahody a šlehačku.
d) Vrstvy opakujte, dokud se miska nebo sklenice nenaplní.
e) Navrch dejte kopeček šlehačky a před podáváním ozdobte cukrovou vatou.

72. Role na cukrovou vatu

SLOŽENÍ:
- 3 vejce
- 3/4 šálku cukru
- 1 lžička vanilkového extraktu
- 3/4 šálku univerzální mouky
- 1 lžička prášku do pečiva
- 1/4 lžičky soli
- Moučkový cukr na posypání
- Sirup s příchutí cukrové vaty
- Šlehačka
- Cukrová vata na ozdobu

INSTRUKCE:
a) Předehřejte troubu na 375 °F (190 °C) a vyložte formu na želé pečicím papírem.
b) V míse prošlehejte vejce, cukr a vanilkový extrakt, dokud nezhoustne a zesvětlá.
c) V samostatné misce smíchejte mouku, prášek do pečiva a sůl.
d) Postupně přidávejte suché ingredience do vaječné směsi, dokud se nespojí.
e) Těsto nalijte do připravené pánve a rovnoměrně rozetřete.
f) Pečte 10–12 minut, nebo dokud koláč při lehkém dotyku nevyskočí.
g) Okraje dortu ihned uvolněte a vyklopte na čistou kuchyňskou utěrku posypanou moučkovým cukrem.
h) Dort srolujte utěrkou a nechte úplně vychladnout.
i) Dort rozvineme a potřeme sirupem s příchutí cukrové vaty.
j) Dort potřeme šlehačkou a svineme zpět.
k) Před podáváním ozdobte cukrovou vatou.

73. Cheesecake z cukrové vaty

SLOŽENÍ:
PRO KŮRU:
- 2 šálky grahamové drobenky
- ½ šálku nesoleného másla, rozpuštěného
- ¼ šálku krystalového cukru

NA CHEESECAKE:
- 4 balíčky (32 uncí) smetanového sýra, měkčeného
- 1 ¼ šálku krystalového cukru
- 4 velká vejce
- 1 šálek zakysané smetany
- ½ šálku aroma cukrové vaty nebo cukrového sirupu
- růžové potravinářské barvivo (volitelné)
- Konfetové posypy pro extra nával barvy

K NÁPLNĚ:
- Cukrová vata na ozdobu
- šlehačka (volitelně)
- Další posypy Confetti pro zářivou konečnou úpravu

INSTRUKCE:
a) Předehřejte troubu na 325 °F (163 °C).
b) V misce smíchejte drobky z grahamového sušenky, rozpuštěné máslo, cukr a konfety, dokud se dobře nespojí.
c) Stiskněte směs na dno 9palcové pružinové pánve, abyste vytvořili kůru.
d) Korpus pečeme v předehřáté troubě 10 minut. Vyjměte a nechte vychladnout při přípravě tvarohové náplně.

PŘIPRAVTE NÁPLŇ CHEESECAKE:
e) Ve velké míse ušlehejte smetanový sýr, dokud nebude hladký a krémový.
f) Přidejte cukr a pokračujte v šlehání, dokud se dobře nespojí.
g) Přidávejte vejce jedno po druhém a po každém přidání dobře prošlehejte.
h) Smíchejte zakysanou smetanu, příchuť cukrové vaty a podle potřeby růžové potravinářské barvivo. Ujistěte se, že je vše dobře spojeno a jemně vmíchejte konfetové posypy.

Upečte CHEESECAKKE:
i) Nalijte tvarohovou náplň na kůru.
j) Pečte v předehřáté troubě 1 hodinu, nebo dokud střed nezzlátne a vršek lehce zezlátne.
k) Cheesecake necháme vychladnout v troubě s pootevřenými dvířky asi hodinu.
l) Po vychladnutí dejte cheesecake do lednice alespoň na 4 hodiny nebo přes noc.

TOP A PODÁVAT:
m) Před podáváním posypte cheesecake cukrovou vatou pro rozmarný nádech.
n) Případně přidejte po okrajích kopečky šlehačky a posypte dalšími konfetami pro extra slavnostní atmosféru.
o) Krájejte, servírujte a užívejte si.

PLEVA A glazura

74. Cukrová vata, smetanová sýrová poleva

SLOŽENÍ:
- 8 oz smetanový sýr, změkčený
- 1/2 šálku nesoleného másla, změkčeného
- 4 šálky moučkového cukru
- 1/4 šálku sirupu s příchutí cukrové vaty
- Cukrová vata na ozdobu

INSTRUKCE:
a) V míse prošlehejte změklý smetanový sýr a máslo do hladka.
b) Postupně přidávejte moučkový cukr, míchejte, dokud se dobře nespojí a nebude krémová.
c) Vmíchejte sirup s příchutí cukrové vaty, dokud se zcela nezapracuje.
d) Jakmile váš dort nebo cupcakes vychladnou, potřete je polevou z cukrové vaty.
e) Před podáváním ozdobte kousky cukrové vaty pro rozmarný dotek.

75. Poleva z cukrové vaty

SLOŽENÍ:
- 1 šálek nesoleného másla, změkčeného
- 4 šálky moučkového cukru
- 1/4 šálku mléka
- 1/4 šálku sirupu s příchutí cukrové vaty
- cukrová vata na ozdobu (volitelné)

INSTRUKCE:
a) V míse vyšlehejte změklé máslo do krémova.
b) Postupně přidávejte moučkový cukr, jeden šálek po druhém, a po každém přidání dobře prošlehejte.
c) Vmíchejte mléko a sirup s příchutí cukrové vaty, dokud nebude hladký a nadýchaný.
d) Pokud chcete, ozdobte malými kousky cukrové vaty.
e) Použijte k mrazení dortů, cupcaků nebo sušenek.

76.Glazura z cukrové vaty

SLOŽENÍ:
- 1 hrnek moučkového cukru
- 2-3 lžíce mléka
- 2 lžíce sirupu s příchutí cukrové vaty
- cukrová vata na ozdobu (volitelně)

INSTRUKCE:
a) V malé misce prošlehejte moučkový cukr, mléko a sirup s příchutí cukrové vaty do hladka.
b) Upravte konzistenci přidáním více mléka, pokud je příliš hustý, nebo více moučkového cukru, pokud je příliš řídký.
c) Polevou pokapejte koláče, koblihy nebo pečivo.
d) Pokud chcete, ozdobte malými kousky cukrové vaty.

77. Cukrová vata Swiss Meringue Buttercream

SLOŽENÍ:
- 4 velké bílky
- 1 šálek krystalového cukru
- 1 1/2 šálku nesoleného másla, změkčeného
- 1/4 šálku sirupu s příchutí cukrové vaty
- cukrová vata na ozdobu (volitelné)

INSTRUKCE:
a) V žáruvzdorné míse ušlehejte bílky a cukr.
b) Umístěte misku nad hrnec s vroucí vodou a ujistěte se, že se dno misky nedotýká vody.
c) Neustále šlehejte, dokud se cukr úplně nerozpustí a směs nedosáhne 160 °F (71 °C) na cukrovém teploměru.
d) Odstraňte z ohně a přeneste směs do stojanového mixéru s nástavcem na šlehání.
e) Šlehejte na vysokou rychlost, dokud se nevytvoří tuhé vrcholy a směs se ochladí na pokojovou teplotu.
f) Postupně po několika polévkových lžících přidávejte změklé máslo a pokračujte ve šlehání na středně vysokou rychlost.
g) Po zapracování všeho másla vmíchejte sirup s příchutí cukrové vaty, dokud nebude hladký a nadýchaný.
h) Pokud chcete, ozdobte malými kousky cukrové vaty.
i) Použijte k mrazení dortů nebo cupcaků.

78.Poleva z cukrové vaty s bílou čokoládou

SLOŽENÍ:
- 1 šálek bílých čokoládových lupínků
- 2 lžíce mléka
- 2 lžíce sirupu s příchutí cukrové vaty
- cukrová vata na ozdobu (volitelné)

INSTRUKCE:
a) V misce vhodné do mikrovlnné trouby zahřívejte kousky bílé čokolády a mléko ve 30sekundových intervalech a mezitím míchejte, dokud se nerozpustí a nebude hladké.
b) Vmíchejte sirup s příchutí cukrové vaty, dokud se dobře nespojí.
c) Pokud je poleva příliš hustá, přidejte více mléka, po 1 lžičce, dokud nedosáhnete požadované konzistence.
d) Polevou pokapejte koláče, sušenky nebo pečivo.
e) Pokud chcete, ozdobte malými kousky cukrové vaty.

79. Královská cukrová vata

SLOŽENÍ:
- 2 hrnky moučkového cukru
- 2 lžíce pusinkového prášku
- 3 lžíce vody
- 1/4 šálku sirupu s příchutí cukrové vaty
- cukrová vata na ozdobu (volitelně)

INSTRUKCE:
a) V míse prošlehejte moučkový cukr a prášek na pusinky.
b) Postupně přidávejte vodu a sirup s příchutí cukrové vaty a míchejte, dokud nebude hladká a lesklá.
c) Pokud je poleva příliš hustá, přidejte více vody, po 1 lžičce, dokud nedosáhnete požadované konzistence.
d) Polevu přendejte do sáčku s malou kulatou špičkou.
e) Používá se ke zdobení cukroví, dortů nebo jiného pečiva.
f) Pokud chcete, ozdobte malými kousky cukrové vaty.

80. Ganache z cukrové vaty

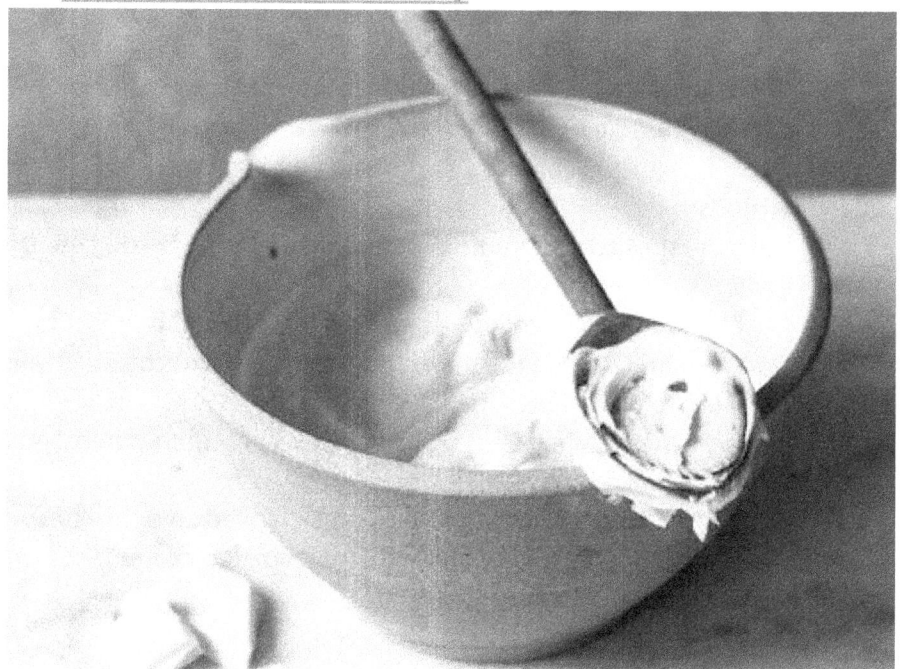

SLOŽENÍ:
- 1 šálek husté smetany
- 8 oz bílé čokolády, nasekané
- 1/4 šálku sirupu s příchutí cukrové vaty
- cukrová vata na ozdobu (volitelné)

INSTRUKCE:
a) V hrnci zahřejte na středním plameni smetanu, dokud se nezačne vařit.
b) Nasekanou bílou čokoládu dejte do žáruvzdorné misky.
c) Horkou smetanu nalijte na bílou čokoládu a nechte 2-3 minuty odležet, aby čokoláda změkla.
d) Jemně směs šlehejte, dokud se čokoláda úplně nerozpustí a nebude hladká.
e) Vmíchejte sirup s příchutí cukrové vaty, dokud se dobře nespojí.
f) Před použitím jako polevu nebo polevu nechte ganache mírně vychladnout.
g) V případě potřeby ozdobte malými kousky cukrové vaty, než ganache ztuhne.
h) Použijte ganache k pokapání dortů, cupcaků nebo dezertů pro lahodnou chuť cukrové vaty.

NÁPOJE

81. Martini z cukrové vaty

SLOŽENÍ:
- 1 ½ unce vanilkové vodky
- 1 unce malinové vodky
- 1 ½ unce sirupu z cukrové vaty
- 1 unce půl na půl

INSTRUKCE:
a) Vychlazenou sklenici na martini nebo kupé obložte brusným cukrem.
b) Naplňte šejkr ledem a přidejte přísady do koktejlu.
c) Šejkr zakryjte a protřepávejte, dokud směs nevychladne.
d) Koktejl sceďte do připravené sklenice.
e) Ozdobte cukrovím.

82.Cukrová vata Margarita

SLOŽENÍ:
- 15 gramů cukrové vaty + malý panáček na ozdobu
- ½ unce limetkové šťávy (asi ½ limetky)
- Cukr, na lemování
- 1 unce tequily Blanco
- 1 unce trojité sec
- 1 unce UV Cake vodky

INSTRUKCE:
a) Naplňte šejkr do poloviny ledem.
b) Do šejkru přidejte 15 gramů cukrové vaty.
c) Do šejkru přidejte limetkovou šťávu.
d) Spotřebovanou půlkou limetky navlhčete skleněný okraj a obložte jej cukrem.
e) Naplňte sklenici ledem.
f) Přidejte zbytek ingrediencí do koktejlového šejkru.
g) Silně protřepávejte po dobu patnácti sekund.
h) Scedíme, ozdobíme malým kopečkem cukrové vaty a podáváme.

83. Výstřely z cukrové vaty

SLOŽENÍ:
- 2 pinty vanilkové zmrzliny NEBO zmrzliny z cukrové vaty
- 1 ½ šálku cukrové vaty (jakékoli barvy)
- ½ šálku studeného mléka, plus více v případě potřeby
- 1 lžička vanilkového extraktu
- ¼-½ šálku vodky (volitelné)
- Cukrová vata, na ozdobu
- rozpuštěná bílá čokoláda (volitelně)
- Sypání (volitelné)

INSTRUKCE:
a) Chcete-li sklenici posypat posypem, namáčejte každou skleničku do rozpuštěné bílé čokolády a poté posypte posypem. Dejte do mrazáku.
b) V mixéru smíchejte zmrzlinu, cukrovou vatu, mléko, vanilku a vodku (pokud používáte). Rozmixujte do hladka.
c) Rozdělte mléčný koktejl do 6 sklenic.
d) Každý doplňte cukrovou vatou a ihned vypijte.

84. Káva z cukrové vaty

SLOŽENÍ:
- 2 panáky espressa
- 1 šálek mléka
- 1 hrst kostek ledu
- 1 hrst cukrové vaty

INSTRUKCE:
a) Do sklenice s kostkami ledu nalijte požadované množství mléka.
b) Jemně vytvarujte cukrovou vatu do koule o něco větší, než je vršek sklenice. Středem koule cukrové vaty propíchněte špejli a položte ji na sklenici.
c) Pomalu nalijte horké espresso na cukrovou vatu.
d) Dobře promícháme a ihned podáváme. Užijte si slastnou kombinaci kávy a sladkosti cukrové vaty.

85. Cukrová vata Frappuccino

SLOŽENÍ:
- 1 šálek ledu
- 1 šálek mléka
- 3 šálky vanilkové zmrzliny
- 2 lžíce malinového sirupu
- Šlehačka
- Kukuřičný sirup
- Bílé posypy

INSTRUKCE:

a) Přidejte malé množství kukuřičného sirupu na papírovou utěrku a jemně otřete okraj dvou sklenic. Nasypte na ráfky sypání nebo vybagrujte ráfky v posypech rozprostřených na talíř. Dát stranou.

b) V mixéru smíchejte led, mléko, zmrzlinu a malinový sirup. Rozmixujte do hladka.

c) Směs nalijte do připravených sklenic.

d) Nalijte šlehačku a podávejte.

86. Koktejl z cukrové vaty

SLOŽENÍ:
- 2 unce vanilkové vodky
- 3 unce brusinkové šťávy
- ½ unce jahodového jednoduchého sirupu
- ½ unce čerstvě vymačkané citronové šťávy
- Led
- Růžová cukrová vata na ozdobu

INSTRUKCE:
a) Do koktejlového šejkru přidejte led, vanilkovou vodku, brusinkový džus, jahodový jednoduchý sirup a citronovou šťávu.
b) Protřepejte, aby vychladla.
c) Přeceďte do kamenné sklenice na čerstvém ledu.
d) Ozdobte chmýřím růžové cukrové vaty.

87.Koktejl z třešňové cukrové vaty

SLOŽENÍ:
- 1 velká chmýří bílá, červená nebo růžová cukrová vata
- 2 unce třešňové vodky
- 1 unce grenadiny
- Led
- Citronovo-limetková soda na doplnění
- Třešně na ozdobu

INSTRUKCE:
a) Ve sklenici highball naplňte do tří čtvrtin cukrovou vatou.
b) Vyplňte zbývající prostor ledem.
c) Přidejte led, třešňovou vodku a grenadinu.
d) Krátce promíchejte, aby se promíchalo.
e) Doplňte citronovo-limetkovou sodou.
f) Ozdobte třešněmi.

88.Snové Martini z cukrové vaty

SLOŽENÍ:
- 1½ unce růžového
- 1 unce Aperolu
- 1 unce limonády
- Led
- Cukrová vata na ozdobu

INSTRUKCE:
a) Vychlaďte sklenku martini nebo kupé.
b) Do koktejlového šejkru přidejte led, rosé, Aperol a limonádu.
c) Protřepejte, aby vychladla.
d) Přecedíme do vychlazené sklenice.
e) Ozdobte cukrovou vatou.

89. Vílí Floss Martini

SLOŽENÍ:
- 2 unce vanilkové vodky
- 1 unce melounové šťávy
- ½ unce šťávy z granátového jablka
- ½ unce čerstvě vymačkané citronové šťávy
- Led
- Cukrová vata na ozdobu

INSTRUKCE:
a) Vychlaďte sklenku martini nebo kupé.
b) Do koktejlového šejkru přidejte led, vanilkovou vodku, šťávu z melounu, šťávu z granátového jablka a citronovou šťávu.
c) Protřepejte, aby vychladla.
d) Přecedíme do vychlazené sklenice.
e) Ozdobte cukrovou vatou.

90. Krémová soda z cukrové vaty

SLOŽENÍ:
- 1/4 šálku sirupu s příchutí cukrové vaty
- Krémová soda
- Ledové kostky
- Cukrová vata na ozdobu

INSTRUKCE:
a) Naplňte sklenici kostkami ledu.
b) Do sklenice nalijte sirup s příchutí cukrové vaty.
c) Nalijte smetanovou sodu.
d) Ozdobte malým kouskem cukrové vaty.
e) Jemně promíchejte a vychutnejte si krémovou a sladkou sodu z cukrové vaty!

91.Šumivá cukrová vata

SLOŽENÍ:
- 1 unce ginu
- ½ unce čerstvě vymačkané citronové šťávy
- ¼ unce jednoduchého sirupu
- Led
- Prosecco na doplnění
- Cukrová vata na ozdobu

INSTRUKCE:
a) Ochlaďte flétnu na šampaňské.
b) Do koktejlového šejkru přidejte led, gin, citronovou šťávu a jednoduchý sirup.
c) Protřepejte, aby vychladla.
d) Přecedíme do vychlazené sklenice.
e) Doplňte prosecco.
f) Ozdobte cukrovou vatou.

92. Koktejly z cukrové vaty z modré laguny

SLOŽENÍ:
- Chmýří z cukrové vaty
- 1 unce vodky nebo bílého rumu
- 1 unce modrého curaçao
- 3 unce limonády
- ½ unce limoncella
- Led

INSTRUKCE:
a) Kamennou sklenici naplňte do tří čtvrtin cukrovou vatou.
b) Vyplňte zbývající prostor ledem.
c) Do koktejlového šejkru přidejte led, vodku, modré curaçao, limonádu a limoncello.
d) Protřepejte, aby vychladla.
e) Přecedíme do připravené kamenné sklenice.

93.Cukrová vata horká čokoláda

SLOŽENÍ:
- 2 šálky mléka
- 1/4 šálku bílých čokoládových lupínků
- Cukrová vata na ozdobu

INSTRUKCE:
a) V hrnci zahřejte mléko na středním plameni, dokud nebude horké, ale ne vroucí.
b) Vmíchejte kousky bílé čokolády, dokud se nerozpustí a nebudou hladké.
c) Nalijte horkou čokoládu do hrnků.
d) Každý hrnek těsně před podáváním ozdobte malým kouskem cukrové vaty.
e) Vmíchejte cukrovou vatu do horké čokolády pro sladkou a krémovou pochoutku.

94. Mléčný koktejl z cukrové vaty

SLOŽENÍ:
- 2 šálky vanilkové zmrzliny
- 1/2 šálku mléka
- 1/4 šálku sirupu z cukrové vaty
- šlehačka (volitelně)
- cukrová vata na ozdobu (volitelné)

INSTRUKCE:
a) V mixéru smíchejte vanilkovou zmrzlinu, mléko a cukrovou vatu.
b) Mixujte, dokud nebude hladká a krémová.
c) Nalijte do sklenic.
d) Navrch dejte šlehačku a podle potřeby ozdobte cukrovou vatou.
e) Okamžitě podávejte a vychutnejte si mléčný koktejl z cukrové vaty!

95. Prskavka z cukrové vaty

SLOŽENÍ:
- 3 unce vodky
- ½ lžičky Amoretti s příchutí cukrové vaty
- Perlivá voda, na doplnění

NA OBDOBÍ
- Růžový brusný cukr
- Kukuřičný sirup
- Cukrová vata

INSTRUKCE:
a) Nejprve si připravte šálky. Po celém okraji sklenice potřeme kukuřičným sirupem a obalíme v růžovém brusném cukru.
b) V šejkru smíchejte vodku a příchuť cukrové vaty. Dobře protřepejte, aby se spojily.
c) Do připravené sklenice nalijte vodkovou směs.
d) Doplňte koktejl perlivou vodou pro osvěžující šumění.
e) Ozdobte okraj cukrovou vatou pro roztomilý a náladový twist.
f) Užijte si svůj Cotton Candy Sparkler Cocktail!

96. Cukrová vata Ananasová soda

SLOŽENÍ:
- 1 šálek citronovo-limetkové sody
- 1/4 šálku ananasové šťávy
- 1/4 šálku sirupu s příchutí cukrové vaty
- Ledové kostky
- Cukrová vata na ozdobu

INSTRUKCE:
a) Naplňte sklenici kostkami ledu.
b) Nalijte na led citronovo-limetkovou sodu a ananasovou šťávu.
c) Vmíchejte sirup s příchutí cukrové vaty, dokud se dobře nespojí.
d) Ozdobte malým kouskem cukrové vaty na okraji sklenice.
e) Okamžitě podávejte a vychutnejte si svou osvěžující maketu z cukrové vaty!

97. Cukrová vata ledový čaj

SLOŽENÍ:
- 1 šálek uvařeného ledového čaje, vychlazený
- 1/4 šálku sirupu s příchutí cukrové vaty
- Ledové kostky
- Cukrová vata na ozdobu

INSTRUKCE:
a) Ve sklenici smíchejte vychlazený uvařený ledový čaj a sirup s příchutí cukrové vaty.
b) Do sklenice přidejte kostky ledu.
c) Míchejte, dokud se dobře nepromíchá.
d) Ozdobte malým kouskem cukrové vaty.
e) Okamžitě podávejte a vychutnejte si svůj sladký a chutný ledový čaj z cukrové vaty!

98. Punč z cukrové vaty

SLOŽENÍ:
- 2 šálky ananasové šťávy
- 2 šálky brusinkové šťávy
- 1 šálek citronovo-limetkové sody
- 1/4 šálku sirupu s příchutí cukrové vaty
- Ledové kostky
- Cukrová vata na ozdobu

INSTRUKCE:
a) Ve velkém džbánu smíchejte ananasový džus, brusinkový džus, citronovo-limetkovou sodu a sirup s příchutí cukrové vaty.
b) Míchejte, dokud se dobře nepromíchá.
c) Přidejte kostky ledu do jednotlivých sklenic.
d) Nalijte punč na led.
e) Každou sklenici ozdobte malým kouskem cukrové vaty.
f) Okamžitě podávejte a vychutnejte si svůj živý a chutný punč z cukrové vaty!

99. Limonáda z cukrové vaty

SLOŽENÍ:
- 1-galonová limonáda
- 3 lžíce cukrové vaty
- Led

INSTRUKCE:
a) Do velkého džbánu nalijte limonádu.
b) Vmíchejte cukrovou vatu, dokud se úplně nerozpustí v limonádě.
c) Limonádu naplněnou cukrovou vatou nalijte na led.
d) Pro extra nádech zábavy posypte cukrovou vatou těsně před pitím.
e) Ujistěte se, že jej přidáte na poslední sekundu, protože se rychle rozpustí.

100. Mocktail z cukrové vaty

SLOŽENÍ:
OZDOBY NA OBRÁBEK ŠÁLKU:
- vápenné klíny
- ¼ šálku sypání nebo zdobení cukru

NAPÍT SE:
- 3 oz. cukrová vata
- 12 oz. citronovo-limetková soda

OBLOŽENÍ:
- 3 oz. cukrové vaty
- třešeň volitelná

INSTRUKCE:
ZDOBENÍ RÁMU: (VOLITELNÉ)
a) Nakrájejte klínek limetky a uprostřed ji rozkrojte.
b) Nasypte sypání na malý talíř, dostatečně hluboký, aby pokryl okraj šálku.
c) Pomocí klínku limetky navlhčete okraj šálku tak, že jej posunete po celém obvodu.
d) Otočte šálek dnem vzhůru na talíř s posypem, aby pokryl okraj.

PŘÍPRAVA NÁPOJE:
e) Opatrně vložte trochu cukrové vaty na dno šálku a upravte množství podle velikosti šálku.
f) Nasypte sodu na cukrovou vatu a sledujte, jak se rozpustí v sodě.
g) Navrch kelímku ozdobte ještě cukrovou vatou a přidejte brčko. Zajistěte, aby se ozdobná cukrová vata nedotýkala tekutiny, aby se zabránilo rychlému rozpuštění.

ZÁVĚR

Když se blíží konec „Nádherné kuchařky cukrové vaty", doufáme, že jste si užili objevování rozmarného světa dezertů inspirovaných cukrovou vatou a objevování nových způsobů, jak si dopřát chuť na sladké. Od nadýchaných košíčků a krémových mléčných koktejlů po dekadentní brownies a jemné macaronky, recepty v této kuchařce nabízejí lákavou řadu sladkých fantazií, které potěší a inspirují.

Doporučujeme vám experimentovat s různými příchutěmi, barvami a technikami, abyste si tyto recepty vytvořili podle sebe. Koneckonců, krása cukrové vaty spočívá v její všestrannosti a schopnosti podnítit fantazii. Nebojte se proto být kreativní a nechte své sladké sny volně plynout.

Děkujeme, že jste se s námi připojili k tomuto lahodnému dobrodružství. Nechť jsou vaše dny plné živých chutí, jemných odstřeďování nadýchanosti a spousty sladkého požitku. Veselé vaření!